Basic Italian Conversation

A Functional Approach to Building Oral Proficiency

Mario Costantino

Editorial Consultant
Maria Giovanna Pidoto-Reizis

🦅 **National Textbook Company**
NTC a division of *NTC Publishing Group* • Lincolnwood, Illinois USA

Affetti, gioie ineffabili, orgoglio velato, ansie nascoste nutro ancora
. . . perchè, immigrante, Dio, ovunque ti onoro.
A papà Oreste, vivrai sempre nel mio ricordo.

I wish to express my deep appreciation to my friends Biagio Colucci, M.D.; Heywood Wald, Ph.D.; George Grant, M.S.; Albino Lorenzoni; and Giuseppe Conte for their continuous encouragement and generous assistance in preparing the manuscript. I also want to express my gratitude to Manuel Romero-Valleras, Prof. Elio Zappulla, Louis Piscione of Avanti Studios, and Tonino Garritano of Little Records.

The Author

Contents

16

Ancora non mi ha scritto nessuno 239

Italian-English Vocabulary 252

Preface

Basic Italian Conversation is a functional course designed to develop communicative language skills at the beginning and intermediate levels. Topics, situations, and functions are clearly identified in all the activities of the book, highlighting the context in which communication occurs, as well as the purposes of that communication. This book may be used as: 1) the principal text in an Italian conversation class; 2) a text to provide valuable reinforcement of oral skills in a more general Italian course; or 3) a text for individuals studying on their own who wish to improve their conversational skills or brush up on their Italian.

Each of the 16 units in this book focuses on specific language functions (activities) of everyday life, for example, asking and giving personal information, describing places and their location, asking and giving simple directions. The language and structures needed to perform these functions successfully constitute the basis of each unit. As they progress through the course, students will develop overall communicative proficiencies in Italian, enhancing their capacity to understand, speak, read, and write the language. The material in the text is presented in order of difficulty, progressing from more simple and frequently used forms such as the present tense to more complex structures, including compound tenses and the subjunctive mood.

Each unit is divided into sections **I** and **II**. Individual sections in a unit deal with different aspects of a common language function and cover a range of themes, such as school, work, travel, leisure activities, daily routine, shopping, eating out, public services, and many others. The aims of each section are clearly stated at the beginning, so that you will know beforehand the kind of communicative competence you are expected to achieve.

New material is presented through a variety of formats. These include dialogues, interviews, reading passages, letters, brief articles from newspapers, written instructions, questionnaires, photographs, maps, notices, advertisements, timetables, and official forms. Each of these is followed by a set of individual, paired, or group activities requiring the use of spoken Italian. The instructions preceding each exercise explain the theme or situation and the type of activity involved. Role-playing exercises are an important feature of the conversation text.

Oral practice is often related to everyday surroundings and experience. You are asked to talk about your family, home, studies, likes, dislikes, interests, vacations, or long-range plans.

Words and idioms used in *Basic Italian Conversation* are listed both in alphabetical lists within each unit (after readings, dialogues, and certain activities) and in the alphabetical Italian-English Vocabulary at the end of the book. Much of this vocabulary will be elicited in the practice sections of each unit.

Riepilogando, the unit summary that follows Section B in every unit, contains a list of the main language functions that have been practiced—each with examples taken directly from that unit. This summary is a useful reminder of what you should be able to do with the language after finishing the unit. It is desirable to refer both to *Riepilogando* and to *Specchio Riassuntivo* (the structure and vocabulary review that immediately follows *Riepilogando*) to study specific points of grammar and usage or to review the entire unit before moving on to the next one.

1 Mi chiamo Mario

I. In Section One of this Unit, you will learn to give and obtain information about yourself and other people.

A. Study this conversation between Anita and Mario. Mario is an Italian-Swiss student. Then answer the questions that follow.

ANITA Come ti chiami?

MARIO Mi chiamo Mario, e tu?

ANITA Sono Anita Cipolla.

MARIO Piacere.

ANITA Ciao. Sei svizzero, vero?

MARIO Sì, sono italo-svizzero. Sono di Chiasso. E tu, di dove sei?

ANITA Sono di Cagliari. Sono italiana. Che cosa fai qui a Perugia?

MARIO Studio lingue. Sono studente in un Istituto di lingue moderne.

ANITA Parli anche il francese?

MARIO Sì. Parlo bene l'italiano, l'inglese, il francese ed un poco il cinese.

ANITA Parli quattro lingue! È difficile parlare quattro lingue diverse?

MARIO No, non è difficile. Solo il cinese è un po' difficile per me ... Ma capisco abbastanza.

ANITA Accipicchia! Ma come fai?

Domande

1. Di dov'è Mario?
2. Di dov'è Anita?
3. Che cosa studia Mario a Perugia?
4. Dove studia?
5. Parla bene il francese Mario?
6. Quale lingua studia Anita?
7. È difficile o facile il cinese per Mario?

Parole utili

abbastanza	enough	**lingua, la**	language, tongue
diverso/a	different	**solo**	only
dove	where		

Espressioni utili

Accipicchia!	Darn it!	**Piacere.**	Pleased to meet you.
Che cosa fai?	What are you doing?	**Sono di ...**	I'm from ...
Di dove sei?	Where are you from?	**Studio.**	I'm studying.
Parlo.	I speak.	**Vero?**	Isn't that true?

B. Fill in the form with information about yourself. Then answer the questions that follow.

Nome _____

Cognome _____

Professione/mestiere _____ Età_____

Indirizzo _____
       Via No.   Interno No.

       Città   Stato   C.A.P.

Telefono (   ) _____
       (Prefisso)   Numero

Nazionalità _____

Scrivete **IN STAMPATELLO** o **A MACCHINA**

Domande

1. Qual è il suo nome?
2. Qual è il suo cognome?
3. Qual è la sua professione?
4. Qual è il suo indirizzo?

5. Qual è il suo numero di telefono?
6. Di dov'è lei?
7. Di che nazionalità è lei?

Parole utili

C.A.P., il	Zip Code	**scrivere a**	to type
cognome, il	last name	**macchina**	
indirizzo, l'	address	**scrivere in**	to print
interno, l'	apartment number	**stampatello**	
mestiere, il	trade	**stato**	state
prefisso, il	area code	**via no.**	street number

C. In Perugia, Italy, Pietro meets Aldo, who is from Providence, Rhode Island. Fill in the blank spaces in this dialogue with Pietro's questions based on Aldo's answers.

PIETRO _____

ALDO Il mio nome è Aldo.

PIETRO _____

ALDO Il mio cognome è Pastore.

PIETRO _____

ALDO È Via Marconi 7.

PIETRO _____

ALDO Il mio numero è sei, ventuno, trentatrè, zero, nove.

PIETRO _____

ALDO No, non parlo l'italiano bene. Mia nonna è napoletana e a casa parliamo sempre il dialetto napoletano.

II. In Section Two of this Unit, you will continue to practice giving and asking for personal information about yourself and other people.

A. Read the following passage about Lisa Maria Giannini di Bari.

Lisa Maria Giannini è barese. Abita in via Sparano 19, interno 15. È dottoressa e lavora in una Clinica Ortopedica nella città di Bari. È una bella donna:

alta, elegante, capelli neri e occhi azzurri. Lisa Maria ha 36 anni. È sposata ed ha due bambini, Pina di 7 anni e Alberto di 5 anni. Il marito è avvocato. È un tipo atletico con baffi e pizzetto.

Domande

1. Di dov'è Lisa Maria?
2. Dove abita?
3. Qual è la sua professione?
4. Dove lavora?
5. Quanti anni ha?
6. È sposata o è nubile?
7. Quanti bambini ha?
8. Come si chiamano i bambini?

Domande personali

9. Che cosa fa sua madre?
10. Che cosa fa suo padre?
11. Sua madre è bionda o bruna?
12. Suo padre è alto o basso?

Parole utili

abitare	to live
alto/a	tall
atletico/a (*pl* **atletici/atletiche**)	athletic
avvocato, l'	attorney, lawyer
baffo, il	mustache
basso/a	short
biondo/a	blond
bruno/a	dark-haired
donna, la	lady
dottoressa, la	woman doctor
lavorare	to work
pizzetto, il	beard

Espressioni utili

Ha 36 anni.	He/She is 36 years old.
È sposato/a.	He/She is married.

B. Study this information about Aldo Pialla. Then answer the questions that follow.

Nome _____ Aldo Pialla _____

Posto di lavoro _____ Carpenteria Trulli _____

Indirizzo _____ Via Quattro Cantoni, 18 _____

Città ___ Alberobello ___ Provincia ___ Taranto ___

Codice di Avviamento Postale ___ 1-74100 ___

Firma ___ Aldo Pialla ___ Data ___ 7 luglio 19___

Contrassegnare il mestiere o la professione:

___Costruttore	___Giudice	___Ciclista
___Avvocato	___Medico-chirurgo	___Professore
___Commerciante	___Pittore	___Meccanico
___Sindaco	___Poliziotto	___Agricoltore
___Pompiere	___Netturbino	___Concessionario
___Banchiere	___Impiegato municipale	___Farmacista
___Attore	___Cantante	___Fabbro
___Preside	___Sarto	___Carpentiere
___Barbiere	___Muratore	___Pizzaiolo

Pompiere   Poliziotto   Meccanico   Cantante   Medico

Domande

1. Dove lavora Aldo Pialla?
2. Qual è la sua professione?
3. Qual è il suo indirizzo?
4. In quale città abita?
5. In quale provincia abita?

Parole utili

contrassegnare	to mark
firma, la	signature
mestiere, il	trade, job
professione, la	profession

C. You have been invited to attend a reception for students from foreign countries at the International House. A young man comes up to chat with you. Provide your responses in Italian. Give the information indicated in parentheses.

SIGNORE Buona sera.

LEI *(Greet him.)*

SIGNORE Lei è russo?

LEI *(Say you're not Russian. You're American.)*

SIGNORE Oh, mi scusi! Io sono francese. Mi chiamo Georges.

LEI *(Introduce yourself.)*

SIGNORE Piacere.

LEI *(Pleased to meet you.)*

SIGNORE Di dov'è lei?

LEI *(Say where you come from.)*

SIGNORE Io sono di Parigi.

LEI *(Ask him if he is a student.)*

SIGNORE No, non sono studente. Sono attore.

LEI *(An actor! How interesting!)*

SIGNORE Anche la mia ragazza è attrice.

LEI *(Ask if she is famous.)*

SIGNORE Non solo è famosa, ma è anche bella, brava e intelligente.

Parole utili

attore, l'	actor
attrice, l'	actress
la mia	my
ragazza	girlfriend
russo/a	Russian

Espressioni utili

Buona sera.	Good evening
Lei è...	You are...
non solo...ma anche	not only...but also
Mi scusi!	Excuse me!

D. Briefly describe a member of your family or a friend. Include the following information: his/her name, address, occupation, place of work, and age. If the person is not American, mention the country which he/she is from and why he/she is here.

E. Give a brief description of yourself. Include as many of the following words or phrases as you can.

Mi chiamo...	My name is...
Sono di...	I am from...
Abito a...	I live in...
via	street
Ho...anni	I am...years old.
Sono intelligente.	I am intelligent.
Studio.	I study.
Parlo.	I speak.
Sono scapolo.	I'm single, unmarried *(man)*.
Sono nubile.	I'm single, unmarried *(woman)*.

Riepilogando

1. Asking and giving personal information:

(a) *Name*

Come si chiama?
   Mi chiamo (Mario).

Qual è il suo nome?
   Sono (Mario Spina).

(b) *Nationality*

Di dov'è?
   Sono di Brooklyn.

È (canadese) Mario?
   Sì, è canadese.

(c) *Address*

Dove abita?
   Abito a San Francisco.

Qual è il suo indirizzo?
   Il mio indirizzo è (Via Rocky Marciano 19, interno 15).

(d) *Occupation*

Qual è il suo mestiere?
   Sono (barbiere).

Qual è la sua professione?
   Sono (medico).

(e) *Age*

Quanti anni ha?
  Ho (15) anni.

Quanti anni ha Lisa Maria?
  Ha (36) anni.

(f) *Marital Status*

È sposato?
  Sono sposato.

È nubile Maria?
  Sì, è nubile.

È scapolo Aldo?
  No, non è scapolo. È sposato.

2. Espressioni utili:

Buona sera.	Good evening.	**Mi scusi!**	Excuse me!
Che cosa fai?	What are you doing?	**Parlo.**	I speak.
Di dov'è lei?	Where are you from?	**Piacere**	Pleased to meet you.
Di dove sei?	Where are you from?	**Sono di . . .**	I'm from . . .
È sposato/a.	He/She is married.	**Studio.**	I'm studying.
Ha 36 anni.	He/She is 36 years old.		

Specchio Riassuntivo

1.

(Io) (Tu) (Lei)	sono sei è	Lisa Maria Giannini. italo-americano/a. di New York. studente. sposato/a. scapolo/nubile.

2.

Ho Hai Ha	sedici anni. due figli.

3.

(Io)	(non)	parlo studio capisco	bene	il francese. l'italiano. lo spagnolo.

4.

Parla Studia Capisce	lei	l'italiano?
Parli Studi Capisci	tu	il cinese?

5.

Qual è il	suo tuo	nome? cognome? indirizzo?

6.

Lei è	americano/a, italo-canadese, svizzero/a,	vero?

7.

Lei è di	Brooklyn. Toronto. San Francisco.

2 Chi sei? Di dove sei?

I. In Section One of this Unit, you will learn to describe places and their location.

A. Look at the map of the United States and read the following description of the country. Then, answer the questions that follow the description.

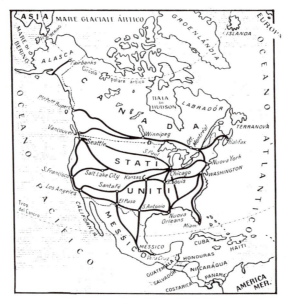

Gli Italo-americani negli Stati Uniti

Gli Stati Uniti d'America sono un Paese bello, grande e differente. Ci sono le spiagge calde della Florida e delle Hawaii, le terre ghiacciate dell'Alaska, le praterie dell'Ovest e le nevi delle Montagne Rocciose.

A Nord c'è il Canada, a Sud c'è il Messico, a Est c'è l'Oceano Atlantico e a Ovest c'è l'Oceano Pacifico.

Il clima degli Stati Uniti varia da luogo a luogo.

La temperatura media annuale varia da 9° F (-13° C) in Alaska a 78,2° F (25,7° C) nella Valle della Morte in California.

- La capitale è Washington, D.C.
- La popolazione è di 240.854.000: l'83% è bianca; il 12% è negra ed il 5% è di altri gruppi etnici.
- La superfice è di 3.618.770 miglia quadrate (9.372.614 chilometri quadrati).

- La bandiera è di tre colori ed ha cinquanta stelle.
- La lingua ufficiale è l'inglese. Molti parlano anche lo spagnolo, il francese, l'italiano, il cinese, il tedesco etc.
- L'Inno nazionale è «The Star-Spangled Banner».
- La moneta è il dollaro.
- I documenti importanti sono il passaporto o la patente di guida.

Molti Italo-americani vivono in America. Chi sono essi? Dove vivono? Che cosa fanno? Essi sono i discendenti di immigranti napoletani, siciliani, pugliesi, calabresi, abruzzesi e del centro e nord Italia. Vivono in ogni parte degli Stati Uniti, ma ci sono molte «Piccole Italie» specialmente a New York, Boston, Providence, Filadelfia, in Maryland, Texas e California.

Oggi gli Americani di discendenza italiana rappresentano più o meno il 7% della popolazione degli Stati Uniti.

Gli Italo-americani amano la vita, la famiglia, lo studio ed il lavoro. Essi sono muratori, barbieri, pizzaioli, sarti, medici, avvocati, professori, banchieri, industriali, politici e scienziati. Gli Americani di discendenza italiana sono fortunati anche perchè *America* è un bellissimo nome italiano.

Domande

1. Gli Stati Uniti d'America sono una nazione piccola?
2. Perchè è un paese differente?
3. Quali oceani sono ad est e ad ovest degli Stati Uniti?
4. Quali nazioni sono a sud e a nord degli Stati Uniti?
5. Fa molto caldo in Alaska?
6. Qual è la capitale degli Stati Uniti d'America?
7. Qual è la popolazione degli Stati Uniti?
8. Qual è la lingua ufficiale degli Stati Uniti?
9. Quante stelle ha la bandiera americana?
10. Che cos'è il dollaro?
11. Quali documenti sono importanti?
12. Chi sono gli Italo-americani?
13. Dove abitano essi?
14. Che cosa amano gli Italo-americani?

Parole utili

altro/a	other	**neve, la**	snow
bandiera, la	flag	**paese, il**	country
bellissimo	very beautiful	**patente di guida, la**	driver's license
ghiacciato/a	frozen	**prateria, la**	prairie
inno nazionale, l'	national anthem	**spiaggia, la**	beach
miglia quadrate, le	square miles	**stella, la**	star
moneta, la	currency	**vita, la**	life
montagna, la	mountain		

Espressioni utili

Che cosa fanno?	What are they doing?
Chi sono essi?	Who are they?
Ci sono...	There are...
da luogo a luogo	from place to place
Dove vivono?	Where do they live?
in ogni parte	all over
più o meno	more or less

B. Give an oral description of Italy. Use this information and follow the model about the United States that you have just read.

Paese	Italia
Forma	lo stivale
Lingua ufficiale	italiano
Confini	a nord: Svizzera ed Austria
	a nord-est: Iugoslavia
	a ovest: Francia
	a sud-ovest, sud ed est: il Mar Mediterraneo
Montagne	Le Alpi e gli Appennini
Fiume più lungo	il Po
Forma di governo	repubblica
Capo dello stato	presidente (in carica per 7 anni)
Superfice	301.252 chilometri quadrati
Popolazione	56.562.000
Inno nazionale	Inno di Mameli
Bandiera	il tricolore (verde, bianco, rosso)
Unità monetaria	la lira
Documenti importanti	la carta d'identità, il passaporto e la patente di guida
Capitale	Roma
Popolazione	2.830.569
Clima	temperato
Temperatura media	gennaio 45° F (7° C); luglio 78° F (26° C)

Parole utili

carta d'identità, la	identification card
confini, i	boundaries
forma, la	shape
forma di governo, la	form of government

Espressioni utili

essere in carica	to be in office
fiume più lungo, il	the longest river

C. Act out the following dialogue by playing the roles of the wife and/or the husband.

TOPIC	The weather
SITUATION	To interact with a familiar adult
PURPOSE	To express personal feelings

Siamo in inverno. Fuori fa freddo, nevica e tira vento. Moglie e marito sono in casa e guardano la televisione.

LA MOGLIE Sono tanto triste oggi.

IL MARITO Perchè, cara?

LA MOGLIE Tu non mi ami.

IL MARITO Ma no, tesoro. Tu sei tutto per me!

LA MOGLIE Ma stiamo sempre qui in casa.

IL MARITO Dove vuoi andare?

LA MOGLIE Voglio andare al mare.

IL MARITO Non capisco.

LA MOGLIE Non mi piace l'inverno. Voglio il sole, la spiaggia.

IL MARITO Chiudi gli occhi. Che cosa vedi?

LA MOGLIE Vedo un aereo che vola verso la Sardegna... verso la Costa Smeralda. Ed io sono sulla spiaggia in bikini.

IL MARITO Prepara le valigie.

LA MOGLIE Subito, marito mio. Non cambiare idea! Corro subito. Quanto ti voglio bene!

Domande

1. Fa bel tempo fuori?
2. Perchè no?
3. Dove sono marito e moglie?
4. Dove vuole andare la moglie?
5. Che cosa vede la moglie quando chiude gli occhi?
6. Che cosa dice la moglie al marito?

Domande personali

7. Che cosa fa lei in inverno?
8. Quando va alla spiaggia?
9. Con chi va?

Parole utili

aereo, l'	airplane	**guardano**	(they) look/are looking
che	that, which	**inverno, l'**	winter
fuori	outside	**mare, il**	sea, beach

marito, il	husband	**tesoro, il**	sweetheart
moglie, la	wife	**triste**	sad
sole, il	sun	**valigia, la**	suitcase
subito	right away	**verso**	toward
tanto	so	**vola**	(it) flies/is flying

Espressioni utili

Capisco.	I understand.
Fa freddo.	It's cold.
Mi piace ...	I like ...
Nevica.	It snows/It's snowing.
Quanto ti voglio bene!	How I love you!
Tira vento.	It's windy.
Tu non mi ami.	You don't love me.
Tu sei tutto per me.	You are everything to me.
Vedi?	Do you see?
Voglio ...	I want ...

D. You are a tourist in Europe. On a Eurotrain, you meet some students from Italy, Switzerland, and Yugoslavia. They are talking in Italian. They'd like you to tell them about your country. You may use the following words and expressions to help organize yourself when answering.

Parole utili

autunno, l'	autumn, fall	**nello**	in the
estate, l' (*m*)	summer	**primavera, la**	spring
marittimo/a	maritime	**secco/a**	dry
negozio, il	store	**temperato/a**	mild

Espressioni da utilizzare

Sono di ... (città) che è nello Stato di ...

La popolazione è di ...

La capitale è ...

Il clima è (freddo, caldo, secco, umido, temperato, marittimo, continentale) in estate/autunno/inverno/primavera.

Fa caldo/freddo; piove/tira vento/nevica.

I centri d'interesse della mia città (monumenti, musei, teatri, negozi, panorami, etc.) sono ...

Mi piace la mia città perchè ...

E. You are studying in Italy during your junior year in college. You would like to find an apartment. You page through the newspaper *Il Tempo* in search of an ad for a cozy place. You find advertisements like the ones below.

gli appartamenti hobby lo spazio in più che offre libertà al piano superiore

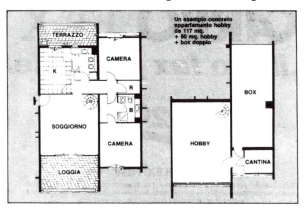

vivi meglio la tua città

Occasione Unica!

La Ditta Casabella presenta gli appartamenti del futuro. Visitate le case sul lago vicino all'università in Via Fermi a due traverse dalla stazione Radio Marconi. È un luogo ideale, specialmente per i giovani studenti.

Il nostro grattacielo domina la città. Di giorno e di notte c'è una vista spettacolare. L'ascensore esterno in plastica trasparente permette agli inquilini di godere un panorama mozzafiato.

Sul tetto ci sono giardini con panchine e lampioni per la passeggiata dopo cena.

Ci sono appartamenti monocamera ammobiliati con moquette, a due e a tre camere con cucina americana, sala da pranzo, salotto e doppi servizi.

L'affitto mensile include elettricità, gas per la cucina, riscaldamento e aria condizionata e l'uso della lavanderia. Non è incluso il posteggio.

Metropolitana, taxi e autobus non sono lontani.

La Ditta Casabella invita tutti a visitare i suoi appartamenti, preferibilmente durante il weekend.

Affitti negoziabili.

Telefono (055) 294305 Telex 440090

Domande

1. Che cosa presenta la Ditta Casabella?
2. Dove sono le case?
3. Per chi è un luogo ideale?
4. Quando c'è una vista spettacolare?
5. Perchè c'è un panorama mozzafiato?
6. Come sono gli appartamenti?
7. Che cosa include l'affitto mensile?
8. Quando è preferibile visitare gli appartamenti?
9. Come sono gli affitti?

Domande personali

10. Com'è il suo appartamento?
11. Dov'è il suo appartamento?
12. Com'è il panorama della città?

Parole utili

affitto mensile, l'	monthly rent
ammobiliato/a	furnished
ascensore, l' (*m*)	elevator
camera, la	room
cucina americana, la	large, luxurious kitchen
ditta, la	firm, company
giardino, il	garden
grattacielo, il	skyscraper
inquilino l'/inquilina, l'	tenant
lampione, il	lamppost
luogo, il	place, area
moquette, la	wall-to-wall carpet
mozzafiato/a	breathtaking
panchina, la	bench
passeggiata, la	stroll
posteggio, il	parking lot
riscaldamento, il	heat
sala da pranzo, la	dining room
salotto, il	living room
vicino/a	near
vista, una	view

Espressioni utili

a due traverse da ...	two (city) blocks from ...
C'è una vista spettacolare.	There is a beautiful view.

Ci sono appartamenti.	There are apartments.
di giorno e di notte	by day and by night
doppi servizi	with two bathrooms
permette a ... di godere	allows ... to enjoy
sul lago	on the lake
sul tetto	on the roof
uso della lavanderia, l'	use of the laundry
visitate	visit *(imperative)*

F. You have met an old friend of yours. She is curious to know about your new neighborhood and your home. Refer to the previous advertisement, «Occasione unica», to provide your answers.

LA RAGAZZA Ciao! Come stai?

TU _____

LA RAGAZZA Sei ancora nel vecchio quartiere?

TU _____

LA RAGAZZA E dove abiti adesso?

TU _____

LA RAGAZZA È un appartamento o una casa privata?

TU _____

LA RAGAZZA E com'è quest'appartamento sul lago?

TU _____

LA RAGAZZA Perchè ti piace vivere in Via Fermi?

TU _____

LA RAGAZZA Ma allora è fantastico!

TU _____

LA RAGAZZA E che cosa vedi dall'ascensore?

TU _____

G. Mike is a Canadian citizen working in Italy. He is the vice president of his firm. He is talking about his new home with a colleague.

Sono fortunato. Ho una bella moglie, due bambine ed una bella casa. Lavoro a Milano, ma la sera sono contento di fare 40 km al giorno per ritornare a casa in Viale dei Pini 58.

La mia casa è su una collina. Davanti c'è un piccolo lago azzurro con piante di pini e fiori. Dietro ci sono l'orto, la stalla per i cavalli ed il bosco. Mi piace andare in barca sul lago, montare a cavallo e correre nel bosco. Spesso guardo il panorama dalla mia camera da letto o dal terrazzo.

Quando sono in casa guardo la televisione nel salotto, gioco con le bambine nella sala giochi e aiuto mia moglie a preparare la cena in cucina.

Non leggo mai il giornale nello studio perchè il mio cane abbaia sotto la mia finestra e fa rumore.

È bello lavorare in città e vivere in campagna, ma . . . mia moglie dice che la casa è troppo grande e che ci sono tre camere da letto, due bagni ed il seminterrato da pulire. Io sorrido perchè lei è come me: ama la natura, l'aria aperta e gli animali.

Qui siamo lontani dai rumori della città, delle macchine e dei treni. Ma siamo anche lontani dai grandi magazzini, dai negozi di generi alimentari, dalla gente e da tutto.

Domande

1. Perchè è fortunato Mike?
2. Dove lavora?
3. In che via abita?
4. Che cosa c'è davanti alla casa?
5. Che cosa fa Mike volentieri?
6. Nella casa ci sono il salotto, la sala giochi, . . .
7. Che cosa amano Mike e la moglie?
8. I treni sono vicini?
9. Quali negozi sono lontani?

Parole utili

abbaiare	to bark	**lavorare a**	to work in
alimentari, generi, i	food	**magazzini,**	big stores
aria aperta, l'	the open air	**grandi, i**	
bosco, il	woods	**orto, l'**	backyard
camera da letto, la	bedroom		garden
cane, il	dog	**pulire**	to clean
cavallo, il	horse	**rumore, il**	noise (makes
collina, la	hill	**(fa rumore)**	noise)
davanti	in front of	**sala giochi, la**	playroom
dietro	in back of	**seminterrato, il**	basement
finestra, la	window	**sorridere**	to smile
fiore, il	flower	**sotto**	underneath
fortunato/a	lucky	**spesso**	often
gente, la	people	**stalla, la**	barn
giornale, il	newspaper	**terrazzo, il**	terrace

Espressioni utili

correre nel bosco	to run in the woods
fare 40 miglia al giorno	to travel 40 miles a day
in Viale dei Pini	on Pine Boulevard
Mi piace andare in barca.	I like to go on a boat ride.
montare a cavallo	to go horseback riding
Non leggo mai.	I never read.
vivere in campagna	to live in the country

H. Can you describe your house to the class? Yes. You can do it by answering the following questions.

Domande

1. Dove abiti?
2. È un appartamento o una casa privata?
3. È grande?
4. Quante camere ci sono?
5. Com'è la tua camera?
6. Perchè ti piace la tua camera?
7. C'è il giardino davanti casa?
8. C'è l'orto dietro la casa?
9. Come si chiama il tuo quartiere?
10. Quali sono i mezzi di trasporto?
11. Ci sono i parchi-gioco?
12. Ci sono i cinema?
13. Ci sono i negozi?

II. In Section Two of this Unit, you will learn to socialize and to describe people, their physical characteristics, and their character.

A. Suzanne Farinacci is studying at the Università di Bologna. She would like to obtain a part-time position with a local firm to help defray the costs of her education.

Nome:	Suzanne
Cognome:	Farinacci
Sesso:	Femminile
Statura:	Regolare
Peso:	55 kg.
Colore degli occhi:	Castani
Colore dei capelli:	Castani
Data di nascita:	10 febbraio 1973
Luogo di nascita:	Brooklyn
Stato civile:	Nubile
Indirizzo:	Via Leonardo Da Vinci, 13
	Perugia
Professione/mestiere:	Studentessa
Data:	3 marzo 19___
Firma del titolare	*Suzanne Farinacci*

B. Make up your personal identification card by answering the following questions.

Domande

1. Qual è il tuo cognome?
2. Dove abiti?
3. Quanti anni hai?
4. Quanto sei alto/a?
5. Di che colore sono i tuoi occhi?
6. Quanto pesi?
7. Che mestiere fai?
8. Dove sei nato/a?
9. Sei cittadino/a americano/a?

Parole utili

capelli, i	hair
castagno/a	brown
data, la	date
degli	of the
dei	of the (used before most plural masculine nouns)
femminile	female *(adj.)*
nascita, la	birth
nubile	single, unmarried *(female)*
peso, il	weight
statura, la	height
titolare, il	holder (of a job, post, credit card, etc.)

C. A group of fans sees some young actors and actresses leaving the studios of Cinecittà. They look at them and express their likes and dislikes about the movie stars. Refer to the following words to express opinions about the actors and actresses.

Parole utili

alto/a	tall	**corto/a**	short
antipatico/a	unpleasant	**fulvo/a**	red
(*pl* **antipatici/**		**grasso/a**	fat
antipatiche)		**liscio/a** (*pl* **lisci/lisce**)	straight
basso/a	short	**lungo/a** (*pl* **lunghi/e**)	long
brutto/a	ugly	**magro/a**	thin
celeste	sky blue,	**ondulato/a**	wavy
	light blue	**ricciuto/a**	curly

simpatico/a (*pl* **simpatici/**   nice   **snello/a**   slender
  simpatiche)   **vanitoso/a**   conceited

Espressioni utili

Ho gli occhi...	My eyes are..., I have...eyes.
Ha gli occhi...	His/Her eyes are..., He/She has...eyes.
Ho i capelli...	My hair is..., I have...hair.
Ha i capelli...	His/Her hair is..., He/She has...hair.
Mi piace...	I like... *(with singular nouns)*
Mi piacciono...	I like... *(with plural nouns)*
Preferisco...	I prefer...
Quale preferisci?	Who do you prefer?
Ti piace?	Do you like her/him/it?
Ti piacciono?	Do you like them?

D. Provide information about your opinions and feelings on the following questions.

Domande

1. Sei alto/a o basso/a?
2. Hai i capelli lunghi?
3. Ti piace il ragazzo/la ragazza con i capelli neri?
4. Preferisci i ragazzi/le ragazze con gli occhi azzurri?
5. Di che colore sono i tuoi capelli e i tuoi occhi?

E. You are a professional photographer. Explain why you took pictures of the people in the photos below. Describe them and tell why they are interesting. You may find the following words and expressions helpful.

Parole utili

barba, la	beard	**occhiali, gli**	eyeglasses
camicia, la (*pl* **le camicie**)	shirt	**pantaloni, i**	pants
corto/a	short	**scarpa, la**	shoe
cravatta, la	necktie	**vestito, il**	suit, dress
gonna, la	skirt		

Espessioni utili

C'è...	There is...
Ci sono...	There are...
È alto/a, basso/a.	He/She is tall, short.
Ha...	He/She has...
Mi piace perchè...	I like him/her/it because...
Porta gli occhiali.	He/She is wearing glasses.
Preferisco perchè...	I prefer because...
Sembra un/a cretino/a, intelligente.	He/She acts like a silly person, an intelligent person.
Vedo...	I see...

Riepilogando

1. Providing and obtaining information about things and places:

Fa molto caldo in Alaska?
No, non fa caldo, fa freddo.

Quali nazioni sono a sud e a nord degli Stati Uniti?
A sud c'è il Messico e a nord c'è il Canada.

Quante camere ci sono a casa tua?
Ci sono tre camere.

2. Providing and obtaining information about people:

Dove abiti?   Dove vivono gli Italo-americani?
    Abito a Boston.   Vivono in ogni parte degli Stati Uniti.

Quanti anni hai?   È alto o basso Mario?
    Ho sedici anni.   È basso.

Che mestiere fai?   Di che colore sono gli occhi della bambina?
    Sono studente.   Sono verdi.

3. Expressing personal feelings about people:

Ti piace il ragazzo/la ragazza con i capelli neri?
No, non mi piace.

Sembra una persona intelligente?
No. Sembra un cretino.

4. Espressioni utili:

C'è una vista spettacolare.	There is a beautiful view.
Che cosa fanno?	What are they doing?
Chi sono essi?	Who are they?
Ci sono appartamenti.	There are apartments.
Dove vivono?	Where do they live?
Ho gli occhi...	My eyes are.../I have...eyes.
Mi piace andare in barca.	I like to go on a boat ride.
Mi piacciono.	I like them.
Non leggo mai.	I never read.
Porta gli occhiali.	He/She is wearing eyeglasses.
Preferisco...	I prefer...
Quale preferisci?	Who do you prefer?
Sembra una persona intelligente.	He/She looks like an intelligent person.

Specchio Riassuntivo

1.

Mi piace	vivere qui. correre. andare in barca. il cane. il ragazzo. la ragazza. la mia casa.

Mi piacciono	i dollari. gli occhi neri. i ragazzi. i capelli corti. le ragazze. gli attori e le attrici.

2.

C'è	il mercato all' aperto. un piccolo lago azzurro. l'Oceano Atlantico. l'orto dietro la casa.

Ci sono	molte «Piccole Italie». giardini con panchine. tre camere da letto.

3.

Roberto	è	alto. intelligente. cretino. cittadino americano. studente.

4.

Ha	quindici anni.
	gli occhi azzurri.
	i capelli neri.

5.

Porta	gli occhiali.
	il vestito.
	la gonna.

6.

Sembra	intelligente.
	cretino/a.
	bello/a.

3 A che ora apre...?

I. In Section One of this Unit, you will learn to ask for and tell time.

A. Luigi and Rosalia are on their way to the baggage check-in at the airport. Luigi is excited. Rosalia is calm.

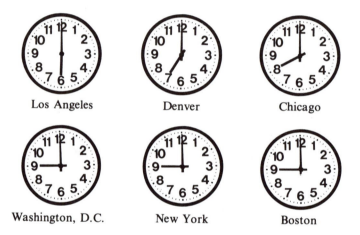

Los Angeles Denver Chicago

Washington, D.C. New York Boston

TOPIC	At the airport
SITUATION	To interact with an unfamiliar adult, a ground hostess
PURPOSE	To obtain information about time and to express personal feelings about events

LUIGI *(con il passaporto, la borsa a tracolla e la macchina fotografica al petto)* Arrivo! Eccomi!

ROSALIA Ma caro! Calmati!

LUIGI Ma già sono le nove!

ROSALIA Scusami caro! Che ore sono?

LUIGI *(impaziente)* Sono le n...o...v...eh!

ROSALIA Ma che fretta hai?

LUIGI *(verso l'hostess)* Signorina, scusi!

HOSTESS Sì, signore...

LUIGI A che ora parte l'aereo per Palermo?

HOSTESS Alle dieci di sera.

LUIGI Alle dieci di sera! Bisogna aspettare fino alle dieci!

HOSTESS Ma no, signore! È già l'ora dell'imbarco.

LUIGI Davvero!

HOSTESS Sono già le nove e mezzo. Ha la valigia?

LUIGI *(verso la moglie)* La valigia! Dov'è la valigia?

ROSALIA La valigia? Oh, caro! È in macchina!

LUIGI Torno subito! Ma...che sfortuna! *(Incèspica e rotola a terra.)* Oh, la valigia!... Oh, il braccio! Che dolore!

Domande

1. Che ore sono secondo Luigi?
2. Luigi è calmo o impaziente?
3. A che ora parte l'aereo per Palermo?
4. Che ora è secondo l'hostess?
5. Dov'è la valigia secondo Rosalia?
6. Torna subito Luigi? Perchè?

Parole utili

aspettare	to wait
borsa a tracolla, la	shoulder bag
fino a	until
già	already
incespicare	to stumble, to trip over
macchina, la	car
macchina fotografica, la	camera
mano, la	hand
ora, l'	time
partire	to depart
per (Palermo)	to (Palermo)
petto, il (al petto)	chest (on the chest)
rotolare	to roll
secondo...	according to
terra, la	ground
tornare	to return
verso	toward

Espressioni utili

A che ora ...?	At what time ...?
alle dieci di sera	at ten (o'clock) P.M.
Bisogna aspettare ...	You must wait ...
Calmati!	Calm (or compose) yourself!
Che dolore!	What a pain!
Che ora è?	What time is it?
Che sfortuna!	What a misfortune!
Dov'è ...?	Where is ...?
È l'ora dell' imbarco.	It's boarding time.
Ma che fretta hai?	Why are you in a rush?
Sono le nove.	It's nine o'clock.

B. Practice this conversation.

TOPIC   At the hotel
SITUATION   To interact with an unfamiliar adult, a hotel manager
PURPOSE   To request information

IL DIRETTORE   Il passaporto, prego.

CLIENTE   Eccolo.

IL DIRETTORE   Camera 15, signore. Ecco la chiave.

CLIENTE   Scusi ... Domani mattina mi svegli alle sette, per favore.

IL DIRETTORE   Alle sette. Va bene.

CLIENTE   Che ore sono adesso?

IL DIRETTORE   Sono le sei di sera.

CLIENTE   Magnifico! Posso dormire 13 ore!

IL DIRETTORE   Buona notte!

CLIENTE   Oh, scusi! A che ora apre la banca domani mattina?

IL DIRETTORE   Alle nove in punto.

CLIENTE   Ma domani è sabato. È aperta domani?

IL DIRETTORE   Sì. La banca apre alle nove e chiude all'una.... Ma che succede?

CLIENTE   Mannaggia la miseria! Il portafoglio! Dov'è il mio portafoglio?

IL DIRETTORE   Il portafoglio! Ma quale portafoglio?

CLIENTE   Ah, la iella! Ma che serata iellata!

Parole utili

aprire	to open	**iella, la**	bad luck
chiave, la	key	**portafoglio, il**	wallet
chiudere	to close	**sveglia, la**	wake-up call
direttore, il/direttrice, la	manager	**in punto**	on the dot
dormire	to sleep		

Espressioni utili

Buona notte!	Good night!	**Mannaggia la miseria!**	Darn it!
Eccolo.	Here it is.	**Mi svegli...**	Wake me up...
Magnifico!	Fantastic!	**Sono le sei di sera.**	It's six P.M.
Dov'è...?	Where is...?	**Va bene?**	Is it OK?

C. Look at the time schedule below, and then answer the questions that follow.

UFFICIO POSTALE	
Orario Settimanale	
Lunedì	9.00–5.00
Martedì	9.00–5.00
Mercoledì	9.00–5.00
Giovedì	9.00–5.00
Venerdì	9.00–5.00
Sabato	9.00–1.00

Chiuso domenica e feste
nazionali

I GRANDI MAGAZZINI	
La Scarpa	
Aperto	
da lunedì	7.30 A.M.
a sabato	10.00 P.M.
La domenica	dalle 9.00 A.M.
	alle 3.00 P.M.

Domande

1. Che ore sono secondo l'orologio a muro?
2. Che ore sono secondo l'orologio a pendolo?
3. A che ora apre l'ufficio postale?
4. Quando è chiuso l'ufficio postale?
5. Qual è il nome dei grandi magazzini?
6. A che ora chiudono i grandi magazzini «La Scarpa»?
7. La domenica qual è l'orario dei grandi magazzini?

Parole utili

domenica	Sunday	**orario settimanale, l'**	weekly hours
festa, la	holiday	**quando**	when
giovedì	Thursday	**sabato**	Saturday
martedì	Tuesday	**ufficio postale, l'**	post office
mercoledì	Wednesday	**venerdì**	Friday

Espressioni utili

da ... a ...	from ... to ...
È aperto.	It's open.
È chiuso.	It's closed.
Qual è ...?	What is ...?
Secondo l'orologio a muro ...	According to the wall clock ...

D. Read this story. Then answer the following "personal" questions.

Sensazioni

Sono quasi le dieci. In casa non c'è nessuno. Fuori piove e tira vento. Donna e Daniel sono nel salotto. Essi sono due teen-ager bravi, intelligenti e curiosi. Hanno una televisione nuova. Fra poco possono vedere il film *Vivo o morto?* in versione stereo. I ragazzi sono impazienti. Sono le dieci meno cinque. Donna prende gli occhiali di plastica. Daniel alza il volume.

A che ora comincia il film? Ecco sono le dieci in punto. Il film inizia. Bum! Lampi, tuoni e pioggia! E tanti gatti neri! Essi corrono e miagolano affamati. La scena fa paura. È la piazza di un villaggio deserto. Le case sono vecchie e brutte. Non c'è nessuno. L'orologio della torre segna la mezzanotte. Don! don! don! Il sofà trema. Il tavolo balla. E chi apre la porta? Che cosa succede? Donna grida. I fantasmi alzano le mani e urlano.

Donna e Daniel hanno la sensazione di essere nel bel mezzo del gruppo dei fantasmi. Che paura!

(Voce della mamma): - Donna, spegni la televisione! Cambia canale!

Donna e Daniel: - Oh, no! Vogliamo vedere il finale! Non abbiamo paura noi. Non siamo bambini!

(Voce della mamma): - Cambia canale, dico! Alle dieci e mezzo c'è lo sport.
E alle undici meno un quarto ci sono i cartoni animati.

Domande

1. È lei un teen-ager curioso?
2. Dove guarda lei la televisione?
3. Preferisce lei i film dell'orrore o i film di avventure?
4. Come sono le case del suo quartiere?
5. C'è una piazza nel suo quartiere?
6. Quali mobili ci sono nel suo salotto?
7. Legge lei la guida dei programmi televisivi?
8. A che ora guarda lei lo sport?
9. Ha lei l'orologio? Che ore sono?

Parole utili

affamato/a	hungry	**piazza, la**	square
ballare	to dance, to move back and forth	**pioggia, la**	rain
		porta, la	door
		prendere	to take
cambiare	to change	**quarto, il**	quarter, a period of 15 minutes
canale, il	TV channel		
cartoni animati, i	(animated) cartoons	**quasi**	almost
		salotto, il	living room
deserto/a	deserted	**sensazione, la**	sensation, feeling
fantasma, il	ghost	**spegnere**	to turn off
gatto, il	cat	**torre, la**	tower
gridare	to shout	**tremare**	to shake
iniziare	to begin	**tuono, il**	thunder
lampo, il	lightning	**urlare**	to scream
mezzanotte, la	midnight	**vecchio/a**	old
miagolare	to meow	**vedere**	to see
nessuno	nobody	**villaggio, il**	village
paura, la	fear		

Espressioni utili

alzare il volume	to raise the volume
Che cosa fai?	What are you doing?
Che cosa succede?	What's happening?
Dammi la guida!	Give me the TV guide!
essere nel bel mezzo di	to be right in the middle of

fra pòco	in a while
La scena fa paura.	The scene is scary.
Segna mezzanotte.	It marks (indicates) midnight.
Smèttila!	Stop it!

E. Salvatore, an Italian friend, is spending his summer vacation with you. He wants to go shopping for a computer. You have a previous commitment and can't accompany him. Complete the dialogue.

TOPIC   Shopping
SITUATION   To interact with peers
PURPOSE   To apologize and convince others to adopt a course of action

SALVATORE   Andiamo?

TU   *(Ask where.)*

SALVATORE   Non ricordi? Al negozio di computer.

TU   *(Say that you can't go with him.)*

SALVATORE   Perchè? Non capisco.

TU   *(Tell him that you are sorry and that you have an appointment.)*

SALVATORE   Hai un appuntamento! E con chi?

TU   *(Name the person.)*

SALVATORE   Perchè non andiamo stasera?

TU   *(Suggest going tomorrow.)*

SALVATORE   Domani! Perchè?

TU   *(Say that your father knows the salesman and will go with you tomorrow.)*

Parole utili

appuntamento, l'	appointment	**stasera**	tonight
domani	tomorrow	**venditore, il/**	seller
negozio, il	store	**venditrice, la**	

Espressioni utili

Andiamo?	Are we going?	**Mi dispiace ...**	I'm sorry ...
Con chi?	With whom?	**Non ricordi?**	Don't you remember?

F. An Italian tourist needs help understanding this sign written in English. Look at the illustration and provide him with the information needed by completing the dialogue.

TURISTA A che ora apre la banca al Bronx Office?

TU _____

TURISTA È una banca commerciale?

TU _____

TURISTA Perchè è chiusa oggi?

TU _____

TURISTA A che ora chiude il sabato?

TU _____

G. You and your friend are visiting the city of Rome. You both want to see a show there. You find yourselves in front of the *Terme di Caracalla* and see a poster advertising the opera *Tosca* by Puccini. After looking at the poster, suggest to your friend that you see *Tosca*.

RITA Sono quasi le otto di sera. Dove andiamo?

TU _____

RITA Danno la «Tosca», non é vero? A che ora comincia?

TU _____

RITA Ma è un'opera famosa?

TU _____

RITA Chi è il compositore?

TU _____

RITA Veramente io preferisco Giuseppe Verdi. Quando danno l' «Aida»?

TU _____

RITA Va bene. Stasera andiamo a vedere la «Tosca» e giovedì andiamo a vedere l' «Aida». D'accordo?

TU _____

RITA Vedo che canta Placido Domingo. Ti piace, non è vero?

TU _____

Parole utili

compositore, il	composer	**veramente**	really
famoso/a	famous		

Espressioni utili

D'accordo?	Do you agree?
Preferisco	I prefer
Quando danno l' «Aida»?	When are they performing *Aida*?

II. In Section Two of this Unit, you will get more practice asking for and giving information about specific times.

A. You are at Rome's *Aeroporto Internazionale Leonardo Da Vinci*. You are waiting for a friend to arrive from the United States.

TOPIC   Interaction at information desk
SITUATION   To interact with information personnel
PURPOSE   To provide and obtain information

TU Scusi, signorina! A che ora arriva il volo dell'Alitalia da New York?

IMPIEGATA Sa il numero del volo?

TU Sì. Alitalia 747, volo 611.

IMPIEGATA L'aereo è in ritardo.

TU A che ora arriva?

IMPIEGATA Arriva verso le dieci e mezza.

TU Non so se il mio amico è a bordo. Può controllare l'elenco dei passeggeri?

IMPIEGATA Un momento. Il nome, prego.

TU Carlo Capatosta.

IMPIEGATA Sì. È a bordo.

TU Grazie, signorina.

IMPIEGATA Buon giorno.

Parole utili

controllare	to check	**sapere**	to know
elenco, l' (*pl* **gli elenchi**)	list	**volo, il**	flight

Espressioni utili

È in ritardo.	It's late.	**Non so se ...**	I do not know if ...
essere a bordo	to be on board	**verso le dieci**	around ten o'clock ...

B. It is December. Two young Italian students walk into a travel agency in Catania (Sicily). You are working as a travel agent. Look at the following charts to provide your answers, to complete the dialogue.

CENTRO TURISTICO STUDENTESCO

con partenze da Palermo, Aeroporto Punta Raisi
Un viaggio dal 28/29/30 dicembre al 3 gennaio.

Viaggio in aereo con jet di linea; soggiorno in albergo di 1ª categoria; veglione di Capodanno; escursioni; piscine e spiagge con sport gratis.

CAPODANNO NEL MONDO

VOLI CHARTER

Partenze nel pomeriggio   Ritorni di sera

Destinazioni	Giorni	Tariffe
AMSTERDAM	7	800.000 lire
AUSTRALIA	7	1.600.000
BALI/SINGAPORE	7	1.500.000
BARCELLONA	5	700.000
ISRAELE	7	900.000
LONDRA	5	600.000
PARIGI	5	650.000
ROMA	5	800.000
TORONTO	6	500.000
TUNISIA	5	750.000
THAILANDIA	7	1.200.000

TOPIC	Travel
SITUATION	To interact with an unfamiliar adult, a travel agent
PURPOSE	To obtain information

STUDENTI Ci sono viaggi esclusivi per i giovani?

AGENTE *(Say that there is a tour called "New Year's Eve around the World.")*

STUDENTI Hanno una brochure?

AGENTE *(Answer affirmatively.)*

STUDENTI In quale giorno c'è la partenza per l'Australia?

AGENTE *(Indicate departure date.)*

STUDENTI Da dove partono i gruppi?

AGENTE *(Indicate that they leave from Punta Raisi Airport in Palermo.)*

STUDENTI Sa che cosa include il Tour?

AGENTE *(Explain.)*

Parole utili

antimeridiane	A.M.	**includere**	to include
Capodanno, il	New Year's Day	**partenza, la**	departure
categoria, la	class	**piscina, la**	swimming pool
centro, il	center	**pomeridiane**	P.M.
esclusivo/a	exclusive, limited to	**soggiorno, il**	stay
escursione, l' (f)	tour	**veglione, il**	New Year's Eve Party
giovani, i	young people	**viaggio, il**	trip
gruppo, il	group		

C. Here I come! Read the telegram and answer the questions that follow.

TELEGRAMMA

DESTINATARIO	Gina Grillo
INDIRIZZO	Corso Vannucci, 31 Perugia, Italia 06100
MESSAGGIO	PARTO DA CHICAGO MARTEDÌ 23 DICEMBRE. ORE 6.30 P.M. ALITALIA 747 VOLO 617. ARRIVO A MILANO MERCOLEDÌ 24 DICEMBRE. ORE 9.00 A.M. AEROPORTO DI LINATE. ASPETTAMI.

Alberto

Perugia

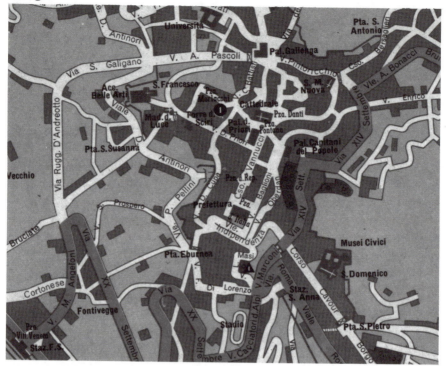

Domande

1. Chi scrive il telegramma?
2. Chi è il destinatario?
3. In quale città abita Gina Grillo?
4. Da quale città parte Alberto?
5. A che ora parte?
6. A che ora arriva?

Domande personali

7. Viaggia lei in aereo?
8. Scrive o telefona prima di partire?
9. Va lei a visitare gli amici spesso?

D. Situations: Give an appropriate response in Italian for each of the following situations.

1. You are in town. An Italian-speaking tourist approaches you.

TURISTA Scusi, che ore sono?

TU _____

TURISTA Grazie.

2. You are at the train station. A gentleman, who seems to be impatient, asks you . . .

SIGNORE Per favore, a che ora arriva il treno da Bari?

TU _____

3. You are waiting in front of a fashion boutique. A young lady looks at you and asks...

SIGNORINA Per favore, quando apre il negozio?

TU _____

SIGNORINA E a che ora chiude?

TU _____

4. You are on a bus to Rimini. The person sitting next to you asks...

PERSONA Scusi, quanto dura il viaggio fino a Rimini?

TU _____

5. At the airport, a flight attendant informs you...

HOSTESS Il volo da Roma è in ritardo.

TU _____

E. Two young ladies are at the coffee shop finishing a cappuccino. In the middle of their chat, Rita suddenly says...

RITA *(in piedi)* È tardi. Devo andare. Ciao, Laura, a domani!

LAURA *(seduta)* Ma perchè hai tanta fretta?

RITA Ho un appuntamento con Pierino a mezzogiorno a Pisa.

LAURA Fallo aspettare!

RITA A che ora parte il treno?

LAURA Fra un quarto d'ora.

RITA Sono in ritardo! Taxi! Taxi!

TASSISTA Sì, signorina!

RITA Subito, per favore! Sono in ritardo!

TASSISTA Dove va? Dove va, signorina?

RITA Alla stazione!

TASSISTA Quale?

RITA Alla stazione ferroviaria.

TASSISTA Ma quale? La Termini o la Centrale?

RITA La Termini, per piacere . . . ma subito! Sono già le undici e mezza. È tardi ormai!

TASSISTA Con una buona mancia io volo, signorina!

Domande

1. Con chi ha un appuntamento Rita?
2. Quando parte il treno, secondo Laura?
3. È in ritardo Rita?
4. Che cosa chiede il tassista?
5. Va Rita alla stazione della metropolitana?
6. Quali sono le due stazioni ferroviarie?
7. Perchè è tardi ormai, secondo Rita?
8. Con che cosa vola il tassista?

Domande personali

9. Come va lei a scuola?
10. A che ora va lei a scuola la mattina?

Parole utili

appuntamento, l'	appointment
devo	I must, I have to
mancia, la	tip
ormai	now, by now
seduto/a	sitting, seated
stazione ferroviaria, la	railway station
subito	quick, right away
volare (io volo)	to fly (I fly)

Espressioni utili

A domani!	See you tomorrow!
Dove va?	Where are you going?
È tardi.	It's late.
Fallo aspettare!	Make him wait!
in piedi	standing up
Quale?	Which one?
Ma perchè hai tanta fretta?	What's the rush?

Riepilogando

1. Asking for and telling the time:

   (a) *Generally*

Che ora è?	Che ora è?/Che ore sono?
È l'una.	Sono le due.
È mezzogiorno.	Sono le tre e un quarto.
	Sono le undici in punto.

   (b) *Specifically*

A che ora parte l'aereo?	A che ora comincia il film?
Parte alle due.	Comincia alle dieci in punto.

2. **Espressioni utili:**

A che ora ...?	At what time ...?
A domani!	See you tomorrow!
Bisogna aspettare ...	You must wait ...
Calmati!	Calm (or compose) yourself!
Che cosa fai?	What are you doing?
Che cosa succede?	What's happening?
Che dolore!	What a pain!
Che ora è?	What time is it?
Che sfortuna!	What a misfortune!
Con chi?	With whom?
D'accordo?	Do you agree?
Dov'è ...?	Where is ...?
Dove va?	Where are you going?
È aperto	It's open.
Eccolo.	Here it is.
È chiuso.	It's closed.
È l'ora dell'imbarco.	It's boarding time.
È tardi.	It's late.
Fallo aspettare!	Make him wait!
Ma che fretta hai?	Why are you in a rush?
Magnifico!	Fantastic!
Mannaggia la miseria!	Darn it!
Ma perchè hai tanta fretta?	What's the rush?
Mi dispiace ...	I'm sorry ...
Mi svegli ...	Wake me up ...
Non capisco.	I do not understand.
Non ricordi?	Don't you remember?

Preferisco...	I prefer...
Smettila!	Stop it!
Sono le sei di sera.	It's six P.M.
Ti piace?	Do you like it?
Qual è...?	What is...?
Va bene.	It's OK.

Specchio Riassuntivo

1. Che ora è?

È	mezzogiorno. mezzanotte. l'una. l'una e mezza. l'una e un quarto.

2. Che ora è? o Che ore sono?

Sono	le	due. due e un quarto. due e mezza. tre meno un quarto. tre. quattro in punto. quattro e cinque.

3.

A che ora	arriva parte	l'aereo? il treno? la metropolitana?
	apre chiude	l'ufficio postale? la banca? il negozio?
	comincia finisce	il film? lo sport? la lezione?

4.

L' ufficio postale	è	aperto	
		chiuso	dalle 9 A.M. alle 5 P.M.
I grandi magazzini	sono	aperti	da lunedì a sabato. tutti i giorni.
		chiusi	

4 È a sinistra

I. In Section One of this Unit, you will learn to ask for and to give directions.

A. Giovanni and Denise are on a school trip in Italy. This is their night on the town and they are looking for a good restaurant.

TOPIC	Mealtime
SITUATION	How to interact with passers-by
PURPOSE	Obtaining information about food and restaurants

DENISE Che ore sono?

GIOVANNI Sono quasi le diciotto e trenta. Perchè?

DENISE Ho fame. Voglio mangiare.

GIOVANNI Ecco il vigile.

GIOVANNI E DENISE Scusi ... C'è un buon ristorante qui vicino?

VIGILE Certamente. C'è «Al Gallo d'Oro» e c'è anche « Al Gambero Rosso».
  Ma che cosa desiderano mangiare?

DENISE Vogliamo mangiare bene spendendo poco.

GIOVANNI Qual è la specialità della casa?

VIGILE «Al Gallo d'Oro», è tipicamente cucina emiliana e romagnola.

GIOVANNI E «Al Gambero Rosso»?

VIGILE Cucina toscana.

GIOVANNI Dove sono?

VIGILE Sono a destra, in Piazza del Popolo.

DENISE È lontano?

VIGILE No, è vicino. È a quattro passi da qui. È dopo la seconda traversa, a un cento metri da qui.

GIOVANNI E DENISE Mille grazie.

VIGILE Buona sera. Prego.

Domande

1. Dove sono Giovanni e Denise?
2. Che ore sono?
3. Che cosa cercano?
4. Con chi parlano?
5. Vuole spendere molto Denise?
6. Qual è la specialità della casa «Al Gallo d'Oro»?
7. Qual è la specialità della casa «Al Gambero Rosso»?
8. Sono vicini o lontani i due ristoranti?

Domande personali

9. Ci sono ristoranti italiani nel suo quartiere?
10. Mangia lei al ristorante? Quando?
11. Le piace la cucina italiana?
12. Preferisce lei la cucina italiana, la francese, la cinese o la giapponese?
13. Preferisce gli spaghetti al dente, i manicotti o le lasagne?
14. Va lei a mangiare in una paninoteca?

Parole utili

cucina emiliana e romagnola, la	Northern Italian cuisine (from the region of Emilia-Romagna)
lontano/a	far
paninoteca, la (*pl* **le paninoteche**)	fast-food restaurant
spendendo	spending
tipicamente	typically
vigile, il	traffic officer

Espressioni utili

a destra	on the right
Che ore sono?	What time is it?
È a un cento metri da qui.	It's one hundred feet away.
È a quattro passi.	It's a short distance away.
È dopo la seconda traversa.	It's after the second street/intersection.
Ho fame.	I'm hungry.
Prego.	You are welcome.
Sono le diciotto e trenta.	It's six thirty P.M.
Qual è la specialità della casa?	What food do they serve?
Voglio mangiare.	I want to eat.

B. A tourist in Rome stops you and asks for directions.

TOPIC   Directions
SITUATION   How to interact with other people
PURPOSE   To give information

TURISTA   Scusi... È di Roma lei?

TU   *(Answer that you are from Rome.)*

TURISTA   È da molto che cammino. Dov'è la Piazza?

TU   *(Ask him/her to tell you which one.)*

TURISTA   Oh, mi scusi! Piazza Colonna.

TU   *(Tell him/her where it is.)*

TURISTA   Ma è lontano da qui?

TU   *(Agree.)*

TURISTA   Non posso camminare più.

TU   *(Tell him/her to take the subway.)*

TURISTA   Dov'è?

TU   *(It is on the corner. Give directions.)*

TURISTA   Quanto costa il gettone?

TU   *(Tell how much.)*

Parole utili

camminare	to walk	**gettone, il**	token
carta di credito, la	credit card	**spiccioli, gli**	change, coins

Espressioni utili
da qui	from here
È da molto che cammino.	I have been walking for a while.
Non posso . . . più.	I can't . . . anymore.

C. Now look at this map of the city of Pisa and with another student develop a conversation asking for directions. You may use some of the following words and expressions. Check the vocabulary at the back of the book for words with which you are unfamiliar.

PISA

Parole utili

Dov'è _____?

la banca	l'ascensore	il cinema
la chiesa	l'incrocio	il parco
la farmacia	l'ottico	il semaforo
la lavanderia	l'ufficio postale	il supermercato
la paninoteca		il taxi
la pizzeria		il Duomo
la stazione		
la Torre Pendente		

È a sinistra   a destra   all'angolo

Espressioni utili

È dopo la prima (la seconda, la terza, la quarta) traversa.

È sulla strada giusta/sbagliata.

Giri a destra/a sinistra.

Non lo so.

Prenda il tassì/l'autobus/il treno.

Torni indietro.

Vada a piedi.

Vada diritto.

D. Paolo is attracted to a special girl in his class who likes sports, but he is having a little trouble getting her to like him.

TOPIC   Personal identification
SITUATION   Talking with peers
PURPOSE   To get someone to adopt a course of action

PAOLO Ciao.

LA RAGAZZA Oh, ancora tu!

PAOLO Senti... Posso vederti dopo la lezione?

LA RAGAZZA No. Non ho tempo.

PAOLO Ma perchè?

LA RAGAZZA Sono occupata.

PAOLO Sì...lo so...È solo che ho due biglietti per andare a vedere una partita di calcio.

LA RAGAZZA Dici sul serio?

PAOLO Eccoli! Ma a te non importa.

LA RAGAZZA Ma che cosa vuoi? Tu sei troppo giovane per me.

PAOLO Ma che dici! Ho sedici anni e tu mi piaci. Dammi il tuo numero di telefono. Dove abiti?

LA RAGAZZA Perchè?

PAOLO Sei libera stasera per andare allo stadio?

LA RAGAZZA Non so... veramente! Ma il mio numero è 127 01 95 e... Non scordarti!... Abito in via Pascoli 15.

PAOLO A più tardi. Ti telefono dopo la scuola.

Domande

1. Quanti sono i personaggi del dialogo?
2. Chi sono?
3. Come saluta la ragazza?
4. Che cosa dice la ragazza?
5. Quanti anni ha il ragazzo?
6. Che cosa ha per andare a vedere la partita?
7. Qual è il numero di telefono della ragazza?
8. Dove abita la signorina?
9. Quando telefona il ragazzo?

Domande personali

10. Hai tu la ragazza / il ragazzo?
11. Vai tu al cinema o allo stadio con la ragazza / il ragazzo?
12. Abita nel tuo quartiere?

Parole utili

ancora	still	**biglietto, il**	the ticket
andare	to go	**partita, la**	game

Espressioni utili

A te non importa.	But you are not interested.
Dici sul serio?	Are you serious?
Eccoli.	Here they are.
È solo che...	The fact is that...
Ma che cosa vuoi?	What do you want?
Non ho tempo.	I don't have any time.
Posso vederti dopo la lezione?	May I see you after class?
Senti...	Listen...
Sono occupato/a.	I'm busy.

E. Your friend Paolo Pollaiolo has just arrived in Cassino. Complete the following conversation.

TOPIC	Personal identification
SITUATION	Telephone conversation
PURPOSE	To give directions (address, exact location)

The telephone rings.

CASSINO

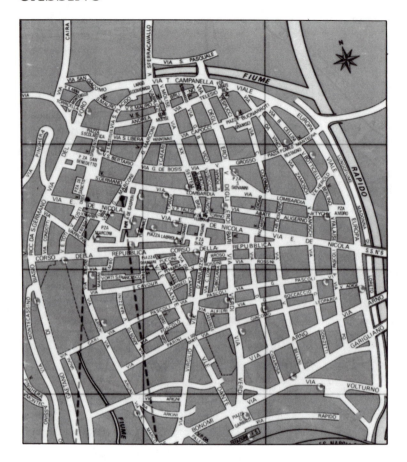

TU *(Ask who is calling.)*

POLLAIOLO Pronto! Casa Rossi?

TU *(Agree and ask who it is.)*

POLLAIOLO Sono il tuo amico Pollaiolo. Non mi riconosci?

TU *(Greet him and ask how he is.)*

POLLAIOLO Sono qui per un paio di giorni. Voglio vederti.

TU *(Say that you too want to see him.)*

POLLAIOLO Come debbo venire a casa tua?

TU *(Ask where he is.)*

POLLAIOLO Sono alla stazione ferroviaria.

TU *(Tell him to take the bus on via Verdi.)*

POLLAIOLO Ma tu abiti lontano?

TU *(Tell him that you live a short distance away.)*

POLLAIOLO Quando debbo scendere?

TU *(Tell him to get off after the third stop.)*

POLLAIOLO E poi?

TU *(Tell him to make a right turn on via Boccaccio.)*

POLLAIOLO Adesso ricordo. Ciao.

Parole utili

debbo...	I must, I have to	**posto, il**	place
fermata, la	stop	**questo/a**	this

Espressioni utili

a due passi	a short distance away
Come debbo...?	How can I...?
di solito	usually
Gira a destra.	Make a right turn.
Non mi riconosci?	Don't you recognize me?
Non preoccuparti.	Don't worry.
Prendi il bus.	Take the bus.
Pronto!	Hello! (on the telephone)
Scendi...	Get off...
un paio di giorni	a couple of days
Voglio vederti.	I want to see you.

F. You are having difficulties with your studies. Write a brief message to a new friend of yours who is attending another school. Invite him/her to come to your house to study together. The purpose of this letter is to give directions on how to get to your place. You may use the following words and expressions.

Caro(a) _____

Ho problemi con	l'algebra	la biologia
	la geografia	la chimica
	la geologia	la fisica
	l'inglese	la filosofia
	la matematica	l'educazione civica
	la musica	le scienze
	lo spagnolo	
	la storia	

Puoi venire a studiare con me questo weekend?
lunedì
martedì
questa settimana

Questo è il mio indirizzo _____
numero di telefono _____

Prendi il treno
       la metropolitana
       il taxi
       l'autobus

Follow this format for your letter.

Boston, 2 ottobre 19_____

Caro/a_____

_____

_____

_____

            A presto,

           _____

G. Situations: Give an appropriate response for each of the following situations.

1. Un turista le chiede dov'è l' ufficio postale. Lei risponde:...

2. Un compagno di classe ti chiede l'indirizzo di casa. Tu dici:...

3. C'è un bello ragazzo/una bella ragazza in classe. Tu vuoi il suo numero di telefono. Il/La ragazzo/a ti risponde:...

4. Tu sei nella città di Verona. Un signore ti chiede se c'è un ristorante italiano dove si mangia bene spendendo poco. Tu rispondi:...

5. Lei è a Chiasso. Una signorina in macchina le chiede quanto dista il Lago di Como. Lei risponde:...

Espressioni utili

   Le **chiede.**   (He/she) asks *you. (Polite)*

   Ti **chiede.**   (He/she) asks *you. (Familiar)*

   Si **mangia bene.**   *The people, you, we, anybody* can eat well.

   Quanto distano?   How far are they?

H. Cloze Passage: a. Read the selection.

                     b. Select *one* of the four suggested words.

                     c. Fill in the blanks.

È mezzogiorno. Maria e Antonio vogliono andare a mangiare e cercano un _____.
               1

a. ristorante   c. museo
b. bagno   d. enoteca

In piazza, il poliziotto dice che c'è una buona
trattoria a due passi, _____, all'angolo della
                  2

a. lontano   c. sullo
b. vicino   d. sotto

piazza. Quando entrano essi chiedono subito
una bottiglia di acqua minerale ghiacciata perchè
fa caldo e hanno _____ e vogliono bere. Maria
              3

a. fredda   c. sete
b. sonno   d. fretta

e Antonio prima guardano i prezzi e leggono il
_____ e
 4

a. cameriere c. menù
b. giornali   d. libri

poi decidono di _____ un piatto di spaghetti al
             5
dente e un bel pollo alla cacciatora.

a. ordinare c. bere
b. cucinare d. pesare

Parole utili

bagno, il	bathroom, bath
bere	to drink
bottiglia, la	bottle
chiedere	to ask for
cucinare	to cook
decidere	to decide
enoteca, l' (*pl* **le enoteche**)	wine store
ghiacciato/a	cold, frozen
ordinare	to order

pesare	to weigh
pollo, il	chicken
prezzo, il	price
sullo	on the (used before certain singular nouns)
trattoria, la	small family-operated restaurant

Espressioni utili

avere fretta	to be in a hurry	**avere sonno**	to be sleepy
avere sete	to be thirsty		

II. In Section Two of this Unit, you will practice asking for and giving directions. You will also learn to ask how to get to places and how far places are.

A. A motorist is traveling to the Costa Smeralda in Sardinia. The motorist stops a police officer to ask for information.

TOPIC Physical environment
FUNCTION To interact with a police officer
PURPOSE To ask for information

MOTORISTA Scusi, è questa la via che porta alla Costa Smeralda?

POLIZIOTTO No. È sulla strada sbagliata.

MOTORISTA Capitano tutte a me! Sbaglio sempre a leggere la segnaletica stradale.

POLIZIOTTO Non si preoccupi. Continui sempre diritto su questa strada per una diecina di minuti. All'incrocio giri a destra e prenda la 597 fino ad Olbia e poi continui sulla statale 125.

MOTORISTA Qual è la distanza più o meno?

POLIZIOTTO Sono una trentina di chilometri.

MOTORISTA Ci sono stazioni di servizio? Ho bisogno di benzina.

POLIZIOTTO All'imbocco dell'autostrada c'è un distributore di benzina.

MOTORISTA Grazie, signore.

POLIZIOTTO Buona giornata!

Domande

1. Dove va il motorista?
2. Dov'è la Costa Smeralda?

3. Quale strada deve prendere?
4. Qual è la distanza dal luogo dov'è il motorista?
5. Di che cosa ha bisogno il motorista?
6. Dov'è il distributore di benzina?

Domande personali

7. Va lei in giro con la macchina?
8. Guida lei sull'autostrada o in città?
9. Usa lei la benzina super o la normale?

Parole utili

segnaletica stradale, la	the road signs
stazione di servizio, la	gas station

Espressioni utili

all'imbocco dell'autostrada	at the entrance to the expressway
all'incrocio	at the intersection
Buona giornata!	Have a nice day!
Càpitano tutte a me!	Everything happens to me!
Continui diritto.	Continue straight ahead.
Giri a destra/sinistra.	Make a right/left turn.
Ho bisogno di benzina.	I need gasoline.
la via che porta...	the road to...
Non si preoccupi!	Do not worry!
per una diecina di...	for about ten...
più o meno	more or less
prenda la...	take the...
Qual è la distanza...?	What is the distance...?
Sbaglio a leggere.	I make mistakes in reading.
sulla strada sbagliata	on the wrong road

B. You are walking in the city of Chiasso, Switzerland. A tourist driving to Saronno, which is several kilometers away, stops you. Complete the following conversation. Refer to the vocabulary and expressions below if you need help.

TOPIC   Geography of area
FUNCTION   Conversation with unfamiliar adults
PURPOSE   To give out information

TURISTA Scusi, signore.

TU *(Greet the tourist.)*

TURISTA Quanto dista la frontiera italiana?

TU *(Say that it's not far away.)*

TURISTA Ma allora anche la città di Como non è lontana!

TU *(Tell him that it's twenty or thirty minutes away by car.)*

TURISTA Ho voglia di fare una gita sul lago.

TU *(Say that the lake is beautiful.)*

TURISTA Desidero andare anche a Saronno. È lontano? È vero che è a metà strada fra Como e Milano?

TU *(Agree and say how far.)*

TURISTA Voglio andare dove fanno quel liquore creato da una bella vedova per fare innamorare...

TU *(Give him the name: Amaretto di Saronno.)*

TURISTA Oh, sì! Ora ricordo. Grazie e buon giorno.

TU *(Say good-bye.)*

Parole utili

lago, il (*pl* **i laghi**)	lake
vedova, la	widow

Espressioni utili

a circa	at about
Arrivederla!	Good-bye!
creato/a da	made by
Desidero andare a...	I want to go to...
dove fanno...	where (they) make...
È a metà strada fra...	It is halfway between...
Ho voglia di fare una gita...	I feel like going for a ride...
Ora ricordo.	Now I remember.
per far innamorare...	to make fall in love...
Quanto dista...?	How far is...?
quel liquore	that liqueur

C. You are in an Italian village, driving to Sant'Apollinare, which is 50 kilometers away. You see a group of people playing cards at a local café on the square and stop to ask for directions. With another student, who will play the role of a villager, make up a conversation. The purpose of the dialogue is to give you practice interacting with a stranger and asking for directions. You may use the suggested expressions or your own.

Ci sono curve/snack-bar/stazioni di servizio?
Dov'è la via che va a ...?
È lontano da qui?
È buona la strada?
Grazie/Arrivederci/Buona giornata/Prego.
Quanti chilometri sono?
Scusi ...

D. Look at this table. It tells you how long it takes to fly Alitalia from Milan to major cities in other countries.

	Atene,	Grecia	3 ore e	15 minuti
	Bombay,	India	10 ore e	35 minuti
	Buenos Aires,	Argentina	12 ore e	25 minuti
da Milano a	Filadelfia,	Stati Uniti	11 ore e	30 minuti
	Ginevra,	Svizzera		50 minuti
	Madrid,	Spagna	2 ore e	10 minuti
	Montreal,	Canada	9 ore	

Domande

1. A quante ore di volo è Filadelfia?
2. Quale città è a nove ore di volo da Milano?
3. Quale città è più lontana da Milano, Atene o Madrid?
4. Quali sono le città che sono a più di dieci ore di volo da Milano?
5. Quali sono le città che sono a meno di otto ore di volo da Milano?

Domande personali

6. Viaggia lei in aereo?
7. C'è un aeroporto internazionale nella sua città?
8. Quali città visita lei spesso?
9. Desidera lei visitare altre nazioni? Quali?

Espressioni utili

A meno di ... ore da ...	It's less than ... hours from ...
A più di ... ore da ...	It's more than ... hours from ...
A quante ore di volo è ...?	What is the flying time to ...?
È a nove ore.	It's nine hours away.

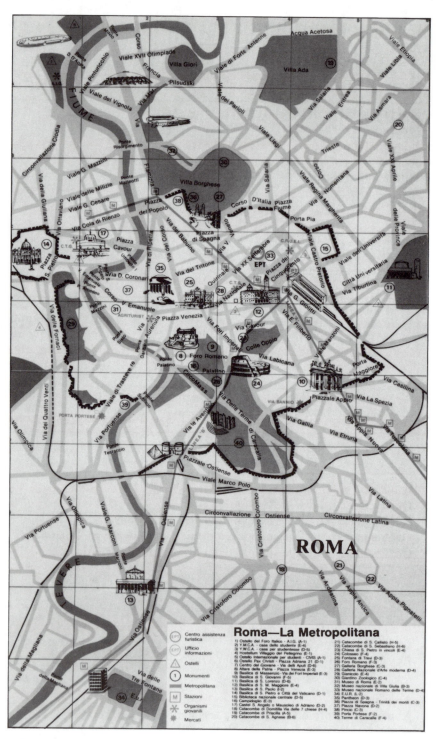

Roma—La Metropolitana

	Centro assistenza turistica
	Ufficio informazioni
	Ostelli
1	Monumenti
	Metropolitana
M	Stazioni
	Organismi giovanili
	Mercati

1) Ostello del Foro Italico - A.I.G. (A-1)
2) Y.W.C.A. - casa dello studente (E-4)
3) Y.W.C.A. - casa per studentesse (D-5)
4) Hostellum Villaggio del Pellegrino (E-1)
5) Ostello Internazionale per studenti - CIVIS (A-1)
6) Ostello Pax Christi - Piazza Adriana 21 (D-1)
7) Centro del Giovane - Via delli Apuli (D-6)
8) Altare della Patria - Piazza Venezia (E-3)
9) Basilica di S. Massimilo - Via dei Fori Imperiali (E-3)
10) Basilica di S. Giovanni (F-5)
11) Basilica di S. Lorenzo (D-6)
12) Basilica di S. M. Maggiore (E-4)
13) Basilica di S. Paolo (I-2)
14) Basilica di S. Pietro e Città del Vaticano (D-1)
15) Biblioteca nazionale centrale (D-5)
16) Campidoglio (E-3)
17) Castel S. Angelo e Mausoleo di Adriano (D-2)
18) Catacombe di Domitilla Via delle 7 chiese (H-4)
19) Catacombe di Priscilla (A-5)
20) Catacombe di S. Agnese (B-6)
21) Catacombe di S. Callisto (H-5)
22) Catacombe di S. Sebastiano (H-6)
23) Chiesa di S. Pietro in vincoli (E-4)
24) Colosseo (E-4)
25) Fontana di Trevi (D-3)
26) Foro Romano (F-3)
27) Galleria Borghese (C-3)
28) Galleria Nazionale d'Arte moderna (D-4)
29) Gianicolo (E-4)
30) Giardino Zoologico (C-4)
31) Museo di Roma (E-2)
32) Museo nazionale di Villa Giulia (B-3)
33) Museo nazionale Romano delle Terme (D-4)
34) E.U.R. (L-2)
35) Pantheon (D-3)
36) Piazza di Spagna - Trinità dei monti (C-3)
37) Piazza Navona (D-2)
38) Pincio (C-3)
39) Porta Portese (F-2)
40) Terme di Caracalla (F-4)

E. Look at this map of the city of Rome. Find «Piazza di Spagna» and locate the subway, commonly known as «la metropolitana». Then study the conversation.

TOPIC   Signs and instructions
SITUATION   Informal interaction at a subway station
PURPOSE   To direct others by providing information

PASSEGGERO Buon giorno. Scusi. Che linea debbo prendere per andare a Via delle Tre Fontane?

CITTADINO Questa è la linea A. Continui fino alla stazione Giolitti. Lì scenda e prenda la linea B che la porta direttamente all'EUR.

PASSEGGERO Quanto dista da qui?

CITTADINO Una mezz'oretta.

PASSEGGERO Devo pagare il biglietto un'altra volta?

CITTADINO No, non c'è bisogno.

PASSEGGERO Grazie, signore.

CITTADINO Prego. Non c'è di che.

Domande

1. Dove vuole andare il passeggero?
2. Dove va la linea A?
3. Dove deve cambiare linea?
4. Quale linea deve prendere per andare all'EUR?
5. Quanto dista l'EUR?
6. Il viaggiatore deve pagare un altro biglietto?

Domande personali

7. C'è la stazione della metropolitana nel suo quartiere?
8. Va lei a scuola con l'autobus o con la metropolitana?
9. Deve cambiare linea quando viene a scuola con la metropolitana?

Parole utili

lì	there
mezz'oretta, la	half hour
prenda...	take...
scenda...	get off...

Espressioni utili

Che linea debbo prendere...?	What line must I take...?
continui fino alla...	stay on until...
Devo pagare?	Must I pay?
la porta direttamente a...	takes you directly to...
Non c'è bisogno.	It's not needed.
Non c'è di che!	Don't mention it!
Scusi.	Excuse me.
un'altra volta	once again

F. Situations: Give an appropriate response for each of the following situations:

1. You are in Venice on your way to the island of Murano. You are not sure how to get there by public transportation. You do not know which boat to take. You look around and see somebody reading a newspaper.

   TU Scusi!... È questa la linea che va a Murano?

   SIGNORE _____.

2. You are in the subway in Milan. The train comes to a stop. You have to get off, but you cannot read the sign and are not sure whether this is your stop.

   TU Scusi!... Quale stazione è questa?

   SIGNORA _____.

3. You are in Portofino.

   SIGNORA Per favore, dov'è...?

   TU _____.

4. At the airport in Naples.

   TU Scusi, signorina, a quante ore di volo è Los Angeles?

   HOSTESS _____.

5. On the subway in Rome.

   TURISTA Scusi, debbo cambiare linea per andare in Via Giolitti?

   TU _____.

G. You are somewhere in Milan and want to reach the Duomo by public transportation. Use the following expressions below to play a role in the dialogue below. After you have acted out the dialogue, make up one of your own with another student.

ANTONIO Scusi... Come posso andare al Duomo?

TU *(Tell him to take the 115.)*

ANTONIO E che cos'è il 115?

TU *(Indicate that it is a city bus.)*

ANTONIO Ma dove prendo l'autobus? Non vedo la fermata!

TU *(Tell him to walk to the capolinea.)*

ANTONIO In quale direzione devo andare?

TU *(Indicate that it is after the second intersection on the right.)*

ANTONIO È lontano da qui?

TU *(Answer negatively and tell him that it is a short distance away.)*

ANTONIO È necessario cambiare autobus?

TU *(Inform him that the 115 is a direct bus.)*

ANTONIO Mi può dire quando devo scendere?

TU *(Say that the bus stop is in front of the Duomo.)*

ANTONIO Quanto costa il biglietto?

TU *(Say how much.)*

ANTONIO Grazie, signore(a).

TU *(Say good-bye.)*

Espressioni utili

Dov'è la biglietteria?	Where is the ticket booth?
la fermata?	the bus stop?
il capolinea?	the bus terminal?
È lontano/vicino?	Is it far/near?
a quattro passi?	a short distance away?
a cento metri da qui?	one hundred meters from here?
dopo la seconda traversa?	after the second intersection?
all'angolo della strada?	at the corner?
Deve scendere/salire?	Must I get off/on?
cambiare?	change?
aspettare?	wait?
comprare il gettone?	buy the token?
comprare il biglietto?	buy the ticket?
È necessario cambiare treno?	Is it necessary to change trains?
autobus?	buses?
linea?	lines?
Mi può dire	Can you tell me
dove devo salire?	where I must get on?
scendere?	get off?
Quanto costa il biglietto?	How much is the ticket?
Cammini fino a . . .	Walk to the . . .
Prenda . . .	Take . . .

Riepilogando

1. Asking for and giving simple directions:

Dov'è il ristorante «Al Gallo d'Oro»?
  È a destra, a due traverse da qui.

2. Asking for and giving directions to destinations:

(a) *By car*
Qual è la strada che va a Disney World?
  Per andare a Orlando deve prendere la I-4.

(b) *By public transportation*
Quale linea (autobus) debbo prendere per andare all'EUR?
  Deve prendere la linea A fino alla stazione Giolitti e poi deve cambiare e
  prendere la linea B.

3. Asking and answering questions about distances:

È lontano/vicino?
Dov'è?
È a quattro passi da qui.
    a cento metri...
    dopo la prima traversa...
    all'angolo della strada...

4. Espressioni utili:

Arrivederla!	Good-bye!
A te non importa.	But you are not interested.
Buona giornata!	Have a nice day!
Càpitano tutte a me!	Everything happens to me!
Che linea debbo prendere...?	What line must I take?
Che ore sono?	What time is it?
Continui diritto.	Continue straight ahead.
Desidero andare a...	I want to go to...
Devo pagare?	Must I pay?
Dici sul serio?	Are you serious?
È a metà strada fra...	It is halfway between...
È a quattro passi.	It's a short distance away.
È a un cento metri da qui.	It's one hundred feet away.
È da molto che cammino.	I have been walking for a while.
È dopo la seconda traversa.	It's past the second street.
Giri a destra/sinistra.	Make a right/left turn.

Ho bisogno di benzina.	I need gasoline.
Ho fame.	I am hungry.
Ho voglia di fare una gita.	I feel like going for a ride.
Ma che cosa vuoi?	What do you want?
Non c'è bisogno.	It's not needed.
Non c'è di che!	Don't mention it!
Non ho tempo.	I don't have any time.
Non mi riconosci?	Don't you recognize me?
Non preoccuparti.	Don't worry.
Ora ricordo.	Now I remember.
Posso vederti dopo la lezione?	May I see you after class?
Prendi l'autobus.	Take the bus.
Pronto!	Hello! (on the telephone)
Scendi...	Get off...
Senti...	Listen...
Sono le diciotto e trenta.	It's 6:30 P.M.
Sono occupato/a.	I'm busy.
Qual è la distanza...?	What is the distance...?
Qual è la specialità della casa?	What food do they serve?
Quanto dista...?	How far is...?
Voglio vederti.	I want to see you.

Specchio Riassuntivo

1.

C'è	un ristorante una farmacia una banca	qui vicino?

2. Dov'è?

È	a sinistra/destra. a due traverse. accanto alla farmacia. al terzo piano. davanti alla banca. in piazza. in fondo alla strada.

3. Quanto dista?

È a	due traverse cinque minuti quattro passi poca distanza	da qui.

4. Quale linea/autobus/treno/aereo/debbo prendere?

Deve	prendere	la linea A. l'autobus #15. l'autostrada 95. il tram. la bicicletta.

5. Quale strada debbo prendere?

Giri a destra. Giri a sinistra. Segua per questa strada. Vada diritto.

5 Che cosa bisogna fare?

I. In Section One of this Unit, you will learn to provide and obtain information about public services.

A. Read these instructions
for using public
telephones in Italy.

(Un gettone costa 200 lire.)

APPARECCHIO A GETTONE PER CHIAMATE URBANE ED INTERURBANE

ISTRUZIONI PER L'USO

1. Per telefonare introdurre il gettone (almeno uno per chiamate urbane di 5 minuti).
2. Alzare il microtelefono.
3. Attendere il segnale di centrale.
4. Comporre il numero.
5. Dire «Pronto!»
6. Per chiamate in altro distretto, comporre, prima del numero, il prefisso.
7. Per chiamate in teleselezione, introdurre almeno sei gettoni.

(continued)

ATTENZIONE

Un breve suono segnala che per continuare la conversazione occorre introdurre altri gettoni.

Per la restituzione dei gettoni riappendere il microtelefono e tenere premuto il tasto.

Parole utili

almeno	at least
altro/a	other
alzare	to remove, to pick up
apparecchio a gettoni, l'	pay telephone
attendere	to listen for, to wait for
breve (un breve suono)	short (a short buzz)
chiamata interurbana, la	long-distance call
chiamata urbana, la	local call
comporre	to dial
distretto, il	area
gettone, il	token
introdurre	to insert
introduzione gettoni, l' (*f*)	place for inserting tokens
istruzioni per l'uso, le	directions for use
microtelefono, il	the receiver
occorre	you need
per	in order to
prefisso, il	area code
prima	before
riappendere	to hang up
segnalare	to indicate, to signal
segnale di centrale, il	the dial tone
teleselezione, la	long-distance call

Espressioni utili

Pronto!	Hello!
tenere premuto il tasto	to hold the button pressed down

B. Now, imagine you are instructing someone on the use of a public telephone in Italy. Complete the dialogue where indicated by referring to the instructions above.

DOMANDA Che cosa bisogna fare per chiamare da un telefono pubblico in Italia?

RISPOSTA Prima bisogna introdurre... Poi si deve alzare... Una volta ottenuto... è necessario... il numero.

DOMANDA Quanto costa una chiamata urbana?

RISPOSTA Costa...

DOMANDA Per quanto tempo?

RISPOSTA Per...

DOMANDA Se devo fare una chiamata interurbana o intercontinentale, che
cosa bisogna fare?

RISPOSTA Bisogna comporre...

DOMANDA A che ora apre l'Ufficio Poste e Telegrafi?

RISPOSTA Apre...

Parole utili

poi	then
prima	first

Espressioni utili

A che ora apre...?	At what time does...open?
Bisogna comporre...	You must dial...
Che cosa bisogna fare per...?	What must you do in order to...?
È aperto...	It is open...
è necessario...	You must...
Per quanto tempo?	For how long?
Quanto costa...?	How much does...cost?
se devo fare...	if I have to...
Si deve alzare il...	You must remove the...
una volta ottenuto...	when you get...

C. Study these instructions on using public telephones in Chiasso,
Switzerland.

Istruzioni per l'uso

1. Alza il microtelefono.
2. Ascolta il segnale.
3. Deposita il gettone o inserisci la carta magnetica.
4. Componi il numero.

Now complete the instructions below.

DOMANDA A Chiasso, che cosa bisogna fare per chiamare da un telefono pubblico?

RISPOSTA Prima... dopo... E poi... finalmente...

Parole utili

Alza...	Pick up...
Ascolta...	Listen to...
Deposita la moneta.	Insert coin.
il gettone.	token.
Inserisci la scheda magnetica.	Insert the magnetic phone card.

D. An Italian-speaking person in your own city needs help using a public telephone.

TOPIC	Use of public utilities
SITUATION	To interact with an unfamiliar adult
PURPOSE	To explain how to use the public telephone

ITALIANO Scusi! Dove posso fare una telefonata?

TU Guardi! Lì c'è una cabina telefonica.

ITALIANO Come funziona il telefono?

TU Funziona con monetine da 5, 10 o 25 centesimi.

ITALIANO Bisogna introdurre le monetine subito?

TU No. Prima occorre alzare il microtelefono, poi bisogna ascoltare il segnale e dopo è necessario depositare le monetine e comporre il numero.

ITALIANO Quanto costa una chiamata urbana?

TU Qui a New York City costa 25 centesimi per 3 minuti.

ITALIANO Mannaggia! Non ho neppure uno spicciolo! Può cambiare un dollaro?

TU Sì, volentieri. Ma può usare anche la carta di credito.

ITALIANO Grazie mille.

TU Prego.

Complete the following sentences based on the dialogue.

1. L'italiano desidera fare...
2. Lì c'è una...
3. Il telefono funziona con...
4. Prima occorre alzare il..., poi...ascoltare il segnale e dopo...depositare le monete.
5. Quanto...una chiamata urbana?
6. Non...neppure uno spicciolo.
7. ...cambiare un dollaro?
8. ...mille.

Parole utili
   monetina, la   coin

Espressioni utili
   Come funziona...?   How does...work?
   Grazie mille.   Thank you very much.
   Guardi!   Look!
   Mannaggia!   Darn it!
   Non ho neppure uno spicciolo! I don't even have a cent!
   Può cambiare...?   Can you change...?

E. Read these instructions on how to open a checking account (*un libretto di assegni*) in an American bank.

- Presentare due documenti di riconoscimento: la patente di guida, il passaporto, la carta verde, due carte di credito o il tesserino della biblioteca.
- Portare il libretto di risparmio che si ha presso un'altra banca, da almeno sei mesi, per la verifica della firma.
- Depositare la quantità minima stabilita che varia da banca in banca.
- Dare nome, cognome, data di nascita, indirizzo, nome e cognome del padre, nome e cognome della madre e indirizzo.

Domande

1. Quanti documenti di riconoscimento occorre portare?
2. Bisogna depositare una quantità fissa?
3. Quali informazioni è necessario dare?
4. Che cosa deve verificare la banca?
5. Che cosa varia da banca in banca?

Domande personali

6. Ha lei un documento di riconoscimento?
7. Ha lei una carta di credito?
8. Quali documenti presenta lei in banca?

Parole utili

carta verde, la	green card
cognome, il	last name
dare	to give
data di nascita, la	date of birth
documento di riconoscimento, il	piece of identification
libretto di risparmio, il	(bank) passbook
portare	to carry, to bring
stabilito/a	established
tesserino, il	identification card

Espressioni utili

...che si ha presso un'altra banca	...that you have at another bank
da banca in banca	from bank to bank

F. Work with another student to make up a conversation based on the following situation: An Italian friend of yours has just arrived for a six-month stay. Your friend would like to open a checking account at a local bank. Find out what he/she needs to do. Then give him/her the information he/she requires. Use phrases like these:

- prima si deve . . .
- dopo bisogna . . .
- e poi è necessario . . .

G. Nina would like to get a driver's license. Can Roberto help her?

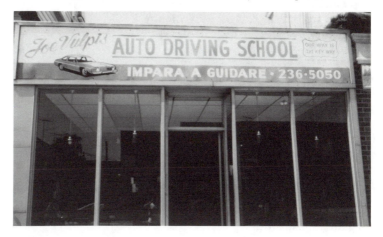

TOPIC   Driving school
SITUATION   To interact with peers
PURPOSE   To provide and obtain information

NINA Quanti anni bisogna avere per ottenere la patente di guida?

ROBERTO *(Indicate that she must be 16.)*

NINA Che cosa bisogna fare per prendere la patente di guida?

ROBERTO *(Say that she must learn how to drive.)*

NINA Dove devo andare?

ROBERTO *(Tell her that she must go to a driving school.)*

NINA Quali documenti è necessario presentare?

ROBERTO *(Tell her to bring birth and residency certificates.)*

NINA Quale prova o esame bisogna superare?

ROBERTO *(Indicate that she must pass a written test and a road test.)*

NINA Si deve pagare? Quanto?

ROBERTO *(Indicate that you don't know.)*

Parole utili

autoscuola, l' (*f*)	driving school
certificato di nascita, il	birth certificate
certificato di residenza, il	residency certificate
esame di guida, l' (*m*)	driver's test, road test
guidare	to drive
ottenere	to get, to obtain
prendere	to get
prova scritta, la	written test
superare	to pass

Espressioni utili

Quanto?	How much?
Si deve pagare?	Must I pay?

II. In Section Two of this Unit, you will practice requesting services.

A. Go over the following conversation between a tourist and an employee at an Italian post office.

TURISTA Buon giorno. Quanto costa spedire una lettera in America?

IMPIEGATO Per via aerea?

TURISTA Sì, per via aerea.

IMPIEGATO Costa 950 lire.

TURISTA Mi dia quattro francobolli da 100 lire, due da 550 lire e tre da 50 lire.

IMPIEGATO Subito, signore.

TURISTA Quant'è?

IMPIEGATO Sono mille seicento cinquanta lire. Desidera altro?

TURISTA Voglio anche mandare un telegramma.

IMPIEGATO Per i telegrammi deve andare allo sportello numero 2, in fondo, a destra.

TURISTA Grazie.

Parole utili

anche	also	**mandare**	to send by mail
francobollo, il	stamp	**spedire**	to mail
lettera, la	letter	**sportello, lo**	window
lira, la	lira (Italian currency)		

Espressioni utili

in fondo, a destra	down there, on the right
Mi dia . . .	Give me . . .
per via aerea	by air mail
Quanto costa . . .?	How much does it cost . . .?
Quant'è?	How much is it?

Now complete your part in this conversation following the model above.

LEI *(Greet the person at the counter and ask how much it costs to send a post-card to Canada.)*

IMPIEGATO Per il Canada costa 850 lire.

LEI *(Ask the clerk to give you five 850 lire stamps.)*

IMPIEGATO Ecco qui. Cinque francobolli da 850 lire.

LEI *(Ask how much it is.)*

IMPIEGATO Sono 4.250 lire. Desidera altro?

LEI *(Say yes and tell him/her that you also want to send a registered letter.)*

IMPIEGATO Per le lettere raccomandate deve andare allo sportello numero cinque, in fondo, a sinistra.

LEI *(Thank the clerk and say good-bye.)*

Parole utili
cartolina illustrata, la	postcard
lettera raccomandata, la	registered mail

Espressioni utili
Arrivederla!	Goodbye!
Desidera altro?	Do you need anything else?
Ecco qui.	Here they are.
in fondo, a sinistra	down there, on the left

B. Can you make sense of the following conversation between a foreign tourist and a bank clerk? Match each sentence in Column A with an appropriate sentence from Column B. Fill in the missing information with the currency you wish to change and the rate of exchange. Look at the newspaper for daily exchange rates.

MONETE ESTERE

Valuta	Lire
1 Dollaro USA	1.500*
1 Dollaro canadese	1.110
1 Franco francese	215,37
1 Lira sterlina	2.305,40
1 Franco svizzero	824,00
1 Marco tedesco	686,13
1 Fiorino olandese	609,85
1 Rublo russo	?
1 Yen giapponese	9,23

*Note that Italians use periods with numbers where Americans would use commas, and commas where Americans would use periods.

Column A	Column B
a. Buon giorno. Che cosa desidera?	1. Cento cinquanta...
b. Ha travellers' cheques o biglietti di banca?	2. Sto all'Hotel Millefiori in Via dei Leoni, 8.
c. Per i travellers' cheques le diamo... lire per... Quanto desidera cambiare?	3. A quale sportello devo andare?
d. Il suo passaporto, prego.	4. Desidero cambiare... in lire. Qual è il cambio oggi?
e. Qual è il suo indirizzo qui a Roma?	5. Grazie. Buona giornata.
f. Va bene. Firmi qui e passi alla cassa.	6. Eccolo.
g. Al numero cinque.	7. Ho i travellers' cheques.

Parole utili

estero/a   foreign
moneta, la   coin, bill, currency

Espressioni utili

Firmi qui.	Sign over here.
Le diamo...	We give you...
Passi alla cassa.	Go to the cashier's window.

C. A foreign visitor goes to the *PT* (*Ufficio Poste e Telegrafi*), or post and telegraph office, in an Italian town to make an international telephone call.

TOPIC   A telephone call
SITUATION   To interact with an unfamiliar adult
PURPOSE   To provide and obtain information

CLIENTE Buona sera, signorina.

TELEFONISTA Buona sera. Che cosa desidera?

CLIENTE Desidero telefonare a Boston, negli Stati Uniti.

TELEFONISTA La linea con gli Stati Uniti è occupata.

CLIENTE Bisogna aspettare molto?

TELEFONISTA Credo di sì. Forse un'ora. Desidera aspettare?

CLIENTE Allora aspetto.

TELEFONISTA Qual è il numero di Boston?

CLIENTE Prefisso 617. Numero 833-2868.

TELEFONISTA Va bene. Attenda un po'. La chiamerò quando la linea è libera.

Parole utili

allora	well, then	**prefisso, il**	area code
aspettare	to wait	**un po'**	a while
forse	maybe		

Espressioni utili

Che cosa desidera?	May I help you?
Credo di sì.	I think so.
La chiamerò.	I'll call you.
La linea è occupata.	The line is busy.
libera.	free.
Qual è ...?	What's ...?

D. Now with another student, create conversations similar to the one in Part C using other cities and telephone numbers.

E. Cloze Passage: a. Read the selection.
b. Choose *one* of the suggested answers.
c. Fill in the blanks.

Nella società moderna è necessario portare documenti d'identità come il passaporto o la _____. Tutti hanno vari bisogni.
1

a. tesserino della biblioteca
b. patente di guida
c. libretto di banca
d. quaderno

È necessario avere molti _____ per viaggiare,
2
andare al ristorante, andare a fare la spesa, comprare la macchina o la casa negli Stati Uniti.

a. lire   c. franco
b. dollari   d. peseta

Bisogna andare spesso in _____ a ritirare i
3
soldi.

a. scuola   c. banca
b. chiesa   d. ufficio

Niente è gratis. Tutto _____ molto.
4

a. compra   c. costa
b. vende   d. vola

I prezzi vanno su ogni giorno. I francobolli e le telefonate costano molto più di ieri. Per comprare un francobollo è bene avere almeno 25 centesimi e per fare una telefonata _____ è neces-
5

a. interurbane
b. urbana
c. lunghe
d. controllata

sario avere non cinque o dieci soldi ma un bel
Giorgio Washington di metallo ovvero venticinque centesimi. Le telefonate in teleselezione non
hanno prezzi stabiliti.

Parole utili

bisogni, i	needs	**soldi, i**	money
niente	nothing	**spesso**	often
più di ieri	more than yesterday	**tutti**	everybody
ritirare	to withdraw	**vario/a**	different

Espressioni utili

È bene... It's good ...

F. Writing Tasks: Write a note of three sentences for each of the two tasks below.

1. Your friend has a new answering machine. Write a note in Italian explaining who you are and the purpose of your call. Then telephone and leave the message.

2. You are working as a bank teller. Your friend wants to open an account at your branch. Write him/her a note in Italian reminding him/her to bring in identification papers.

Riepilogando

1. Asking and giving explanations about procedures:

Che cosa bisogna fare per chiamare da un telefono pubblico in Italia?
 Prima bisogna introdurre il gettone, poi bisogna alzare il microtelefono e una volta ottenuto il segnale di centrale occorre comporre il numero.

Quanti gettoni è necessario introdurre per le chiamate in teleselezione?

2. Requesting services:

Che cosa desidera?
 Desidero cambiare i dollari in lire.

Mi dia quattro francobolli da 50 lire.
Eccoli!

3. Espressioni utili:

A che ora apre...?	At what time does...open?
Bisogna aspettare?	Must I wait?
Che cosa bisogna fare per...?	What must you do in order to...?
Che cosa desidera?	May I help you?
Come funziona...?	How does...work?
Credo di sì.	I think so.
È aperto...	It is open...
Firmi qui.	Sign over here.
Ha lei una carta di credito?	Do you have a credit card?
La chiamerò.	I'll call you.
La linea...è occupata.	The line...is busy.
libera.	free.
Le diamo...	We give you...
Mannaggia!	Darn it!
Mi dia...	Give me...
Non ho neppure uno spicciolo!	I don't even have a cent!
Non lo so.	I don't know it.
Passi alla cassa.	Go to the cashier's window.
Per quanto tempo?	For how long?
Può cambiare dieci dollari?	Can you exchange ten dollars?
Qual è...?	What's...?
Quanto costa...?	How much does...cost?
Quant'è?	How much is it?
Prego.	You are welcome.
Voglio spedire una lettera.	I want to mail a letter.

Specchio Riassuntivo

1.

Bisogna	introdurre il gettone (o le monete).
È necessario	alzare il microtelefono.
Si deve	attendere il segnale di centrale.
Occorre	comporre il numero.

2.

Prima Poi Dopo	bisogna	dire «Pronto!»

3.

Mi dia	cinque francobolli. una cartolina postale. due dollari.

4.

Voglio Desidero	mandare un telegramma. spedire una lettera. telefonare a Boston. il numero 833-2868.

5.

Quanto	desidera	cambiare?
Che numero	desidera	chiamare?

6.

Desidera Vuole	aspettare? telefonare a Boston? spedire una cartolina illustrata?

6 Un cappuccino per me

I. In Section One of this Unit, you will practice expressing wants and needs, with an emphasis on shopping.

A. Read and act out the following dialogue. Refer to the words and expressions listed below to check for any meanings you are unsure of.

TOPIC   Shopping
SITUATION   Interacting with a store clerk
PURPOSE   To ask for items

IMPIEGATO Buon giorno. Desidera?

CLIENTE Dove sono le mele? Voglio mezzo chilo di mele.

IMPIEGATO Eccole. Nient'altro?

CLIENTE Mi dia un chilo di pomodori. Ma che fa? Non mi dia quelli! Sono tutti marci.

IMPIEGATO Ma che dice! Sono freschi di giornata!

CLIENTE No, no! Ha i peperoni?

IMPIEGATO Sì abbiamo peperoni verdi e peperoni rossi. Quanti chili?

CLIENTE Solamente uno. Voglio fare un'insalata. Ma accidenti! Quanto costano! Tre mila lire il chilo!

IMPIEGATO Desidera altro?

CLIENTE Mi dia una mezza dozzina di uova fresche, una bottiglia d'olio d'oliva e un fiasco d'aceto.

IMPIEGATO Vuole un litro d'aceto?

CLIENTE Ma che mi dà? Costa tre mila e cinquecento lire! E non è mica una bottiglia di vino Chianti!

IMPIEGATO Vuole altro?

CLIENTE Ma no, per carità! Lei non ha niente qui. Il pane è di ieri, i pomodori puzzano, le cipolle non ci sono, le patate sono verdi e le arance con i limoni sono ammaccati.

IMPIEGATO Un momento! Guardi attorno! Forse c'è qualcosa di buono.

CLIENTE No, non voglio niente. Si tenga tutto ... Vado in un negozio migliore.

Domande

1. Chi sono i personaggi del dialogo?
2. Quante mele desidera comprare il cliente?
3. Come sono i pomodori?
4. Perchè vuole comprare i peperoni?
5. Costano molto i peperoni?
6. Costa poco l'aceto?
7. Compra qualcosa il cliente?

Domande personali

8. Va lei a fare la spesa?
9. Che cosa compra dal fruttivendolo?
10. Quando va a fare la spesa?
11. Compra ogni cosa?

Parole utili

aceto, l'	vinegar
ammaccato/a	crushed
cipolla, la	onion
dal	from the (used before many masculine singular nouns)
fruttivendolo, il	fruit seller
marcio/a (*pl* **marci/marce**)	rotten
migliore	better
negozio, il	store
patata, la	potato
pomodoro, il	tomato
puzzare	to stink, to smell bad
roba, la	stuff, things
uovo, l' (*m*), (*pl, f* **le uova**)	egg
vino, il	wine

Espressioni utili

Accidenti!	Darn it!
fare la spesa	to shop
Guardi attorno!	Look around!
Mi dia un chilo di ...	Give me a kilogram of ...
Nient'altro?	Nothing else?
Non mi dia ...	Don't give me ...
Ma che fa?	What are you doing?

Ma che mi dà?	What are you giving me?
Per carità!	For goodness' sake!
Si tenga tutto.	Keep it all.

B. Work with another student and make up conversations between a grocery store clerk and a client. Discuss some of the items in the table below.

1 kg. di mozzarella	7.000 lire
1/2 kg. di ricotta	1.800
1 sacchetto di caffè	2.250
1 pacchetto di tè	1.750
1 filone di pane	1.250
1 bottiglia di vino bianco	7.500
1 litro di latte	900
2 pacchetti di spaghetti	1.550

Parole utili

bianco/a	white	**litro, il**	liter
(*pl* **bianchi, bianche**)		**sacchetto, il**	pack of
filone, il	loaf of bread	**vino, il**	wine
latte, il	milk		

C. Study this photograph of an Italian clothing store in Catania, Sicily.

Domande

1. Come sono i prezzi—alti o bassi?
2. Che cosa vendono in questo negozio?
3. È un negozio di moda?
4. Quali abiti ci sono in vetrina?
5. Quanto costa il vestito da uomo?

Domande personali

6. C'è un negozio come questo dove abita lei?
7. Porta lei i bluejeans o il vestito?
8. Segue lei la moda?
9. Le piace la moda italiana?

Parole utili

abito, l' (*m*)	suit	**maglia, la**	sweater
biancheria		**maglietta, la**	T-shirt
intima, la	underwear	**moda, la**	fashion
camicia, la		**moltissimo/a**	very much
(*pl* **le camicie**)	shirt	**negozio**	
canottiera, la	undershirt	**d'abbigliamento, il**	clothing store
cappello, il	hat	**pantaloni, i**	pants
collant, il	panty hose	**pantaloncini, i**	shorts
cravatta, la	tie	**prezzo, il**	price
estivo/a	summer,	**reggiseno, il**	bra
	summery	**veste, la**	dress
giacca, la		**vestito, il**	suit
(*pl* **le giacche**)	jacket	**vestito da donna, il**	lady's suit
gonna, la	skirt	**vestito da uomo, il**	man's suit
invernale	winter, wintry	**vetrina, la**	store window

Espressioni utili

C'è una vendita d'occasione.	There is a special sale.
Mi piace il negozio.	I like the store.
Non mi piacciono i prezzi.	I don't like the prices.
Tutto è	Everything is
a buon mercato.	cheap.
costoso.	expensive.

D. Anna is working as a salesperson at *Il Costume Miracoloso.*

TOPIC   Shopping at a department store
SITUATION   To interact with a customer in face-to-face communication
PURPOSE   To get others to adopt a course of action by using flattery

VOCE DALL'ALTOPARLANTE: Attenzione tutti! Venite al negozio «Il Costume Miracoloso». Oggi incomincia la nostra vendita promozionale del mese di maggio.»

RAGAZZA Buon giorno, signore!

SIGNORE Sono qui per la vendita promozionale.

RAGAZZA Che cosa desidera?

SIGNORE Vorrei provarmi il costume da bagno alla Tarzan che è in vetrina.

RAGAZZA Un momento... Eccolo!

SIGNORE Ma che misura è? Questa taglia è troppo grande per me!

RAGAZZA Ma che dice? Mi sembra buono per lei. È all'ultima moda.

SIGNORE C'è lo specchio nello spogliatoio?

(After a while the gentleman exits the dressing room.)

RAGAZZA Ma come è elegante! Sembra un divo!

SIGNORE Ma mi sta grande. Forse è lo specchio! C'è un altro specchio?

RAGAZZA Ma no! Che dice? Le sta bene, benissimo! Ed il colore è perfetto!

SIGNORE Ma non mi piace.

RAGAZZA Ecco... con questa cintura dorata... lei ha un completo fantastico.

SIGNORE Davvero?

RAGAZZA Sì! E il suo corpo è perfetto! Non c'è confronto fra lei, Tarzan o Arnold Schwarzenegger! E le ragazze possono ammirare i suoi muscoli!

SIGNORE Dice sul serio? Ma allora questo costume da bagno mi sta bene! Mi fa sembrare più alto... più robusto...!

RAGAZZA Lei, signore ha classe, ha stile...

SIGNORE Sì, sì lo prendo! Quanto costa?

RAGAZZA 175 mila lire! In contanti o con la carta di credito?

SIGNORE In contanti! Largo! Arrivo io! Largo ragazze!

Domande

1. Chi sono i personaggi del dialogo?
2. Dove lavora la ragazza?
3. Che cosa incomincia oggi al negozio «Il Costume Miracoloso»?
4. Com'è il signore?
5. Che cosa vuole provarsi?
6. Com'è la misura del costume da bagno secondo il signore?
7. Crede di essere bello il signore?
8. Il signore compra il costume da bagno?
9. Quanto costa?

Domande personali

10. Chi compra i suoi abiti?
11. Quali colori preferisce lei?
12. Che misura porta lei?
13. Paga con la carta di credito o in contanti?
14. Di solito dove compra i suoi abiti?
15. Compra lei gli abiti quando c'è una vendita promozionale?

Parole utili

allora	then, well
alto/a	tall
altro/a	other, another
assegno personale, l'	personal check
cintura, la	belt
colori vivi, i	bright colors
completo, il	set
corpo, il	body
costare	to cost
costume da bagno, il	bathing suit
delicato/a	delicate, weak
dorato/a	golden
esile	thin, weak
muscoli (i suoi muscoli)	muscles (your muscles)
robusto/a	robust
specchio, lo	mirror
spogliatoio, lo	dressing room
stile, lo	style
vendita promozionale, la	promotional sale
vetrina, la	store window

Espressioni utili

Che misura è?	What size is it?
Come gli sta ...?	How does ... fit him?
Dice sul serio?	Are you serious?
in contanti	in cash
Largo!	Make room! (*or* Make way!)
Le sta bene.	It fits you beautifully.
Lo prendo.	I'll take it.
Mi fa sembrare ...	It makes me look ...
Non c'è confronto fra ...	There is no comparison between ...
Quanto costa?	How much is it?
Scusi. Desidera?	Excuse me. What can I do for you?
Sembra un divo!	You look like a movie star.
Vorrei provarmi l'abito.	I would like to try on the suit.

E. Complete the dialogue. Refer to the words and expressions listed below if you need help.

TOPIC   Shopping at a specialty shop
SITUATION   Interacting with the store manager
PURPOSE   To complain about the merchandise

DIRETTORE Scusi, signora! Desidera?

SIGNORA *(Say that there is a mistake with the size of the suit.)*

DIRETTORE È questo il colore del vestito che ha comprato?

SIGNORA *(Say that it's the correct color but it's too large.)*

DIRETTORE Un momento. Desidero vedere nel retrobottega. Ha la ricevuta?

SIGNORA *(Say that you have it.)*

DIRETTORE Mi scusi ... È questo il suo vestito?

SIGNORA *(Respond positively.)*

DIRETTORE Eccolo!

SIGNORA *(Say that the skirt is too short.)*

DIRETTORE Ma questo è impossibile!

SIGNORA *(Say that you aren't happy with the suit and want your money back.)*

Parole utili

giusto/a	correct	**sbaglio, lo**	mistake
nuovo/a	new	**soldi, i**	money

retrobottega, il	backroom (*of a store*)	**taglia, la**	size
ricevuta, la	receipt	**troppo**	too

Espressioni utili

È una gonna di taglia 38.	This skirt is size 38.
La mia taglia è...	My size is...
Mi sta stretto/a.	It's too tight on me.
Non mi sta bene.	It doesn't fit me.

F. Get together with a classmate or a friend and write your own dialogue like the one in Part E. Then act it out. One of you should play the role of the salesperson and the other of the customer. You may use the following chart of clothing and sizes.

Misure degli abiti							
Per donne							
Gonne e vestiti							
Stati Uniti	8	10	12	14	16	18	20
Gran Bretagna	10	12	14	16	18	20	22
Europa	36	38	40	42	44	46	48
Bluse, camicette e maglie							
Stati Uniti	32	34	36	38	40	42	48
Gran Bretagna	10	12	14	16	18	20	22
Europa	40	42	44	46	48	50	52
Scarpe							
Stati Uniti	4	5	6	7	8	9	10
Gran Bretagna	3	4	5	6	7	8	9
Europa	35	36	37	38	39	40	41

Misure degli abiti							
Per uomini							
Vestiti e cappotti							
Stati Uniti	34	36	38	40	42	44	46	48
Gran Bretagna	44	46	48	50	54	56	58	60
Europa	44	46	48	50	54	56	58	60
Camicie							
Stati Uniti	14	14½	15	15½	16	16½	17	17½
Gran Bretagna	14	14½	15	15½	16	16½	17	17½
Europa	36	37	38	39	40	41	42	43
Scarpe							
Stati Uniti	7	8	9	10	11	12
Gran Bretagna	6	7	8	9	10	11
Europa	39	41	43	44	45	46

II. In Section Two of this Unit, you will learn to express needs and wants when eating out.

A. The American students, Angela and Antonio, are at the restaurant «Il Gatto Nero» in Venice, Italy.

TOPIC   Regional food
SITUATION   Conversation with a waiter
PURPOSE   To obtain information about Italian regional foods

CAMERIERE Buona sera! Prego!

ANTONIO Un tavolo per due, per favore.

CAMERIERE Vogliono sedersi vicino alla finestra o fuori sul terrazzo?

ANTONIO Sul terrazzo.

CAMERIERE Sono Americani, vero? Che cosa desiderano prendere?

ANTONIO Non sappiamo. Dov'è il menù?

CAMERIERE Mi scusino. Torno subito.

ANTONIO Su, cara, che cosa prendiamo?

ANGELA Non lo so. Cameriere . . . Scusi, può suggerirmi un bel piatto veneto?

CAMERIERE Certamente. Guardi! Che cosa le piace?

ANGELA Mmmm! Mi piace l'antipasto caldo con la mozzarella in carrozza ma non è sul menù.

CAMERIERE È un piatto tipico napoletano. E lei signore, che cosa desidera?

ANTONIO Un bel piatto di spaghetti aglio e «oglio».

CAMERIERE Ma questo non è un piatto veneto.

ANGELA Ma qual è la specialità della casa?

CAMERIERE Il risotto è la specialità della casa . . . ma per primo suggerirei un «brodeto» e per secondo un bel «risotto nero» che è la specialità della casa.

ANTONIO/ANGELA Magnifico!

CAMERIERE Che cosa bevono? Una bottiglia d'acqua minerale?

ANTONIO Beh . . . allora ci porti il vino!

ANGELA Una bella bottiglia di Pinot Grigio.

CAMERIERE Buon appetito!

Domande

1. Chi sono i personaggi del dialogo?
2. In quale città italiana sono?
3. Dove vogliono sedersi?
4. Angela ed Antonio sanno che cosa desiderano prendere?
5. Che cosa piace ad Angela?
6. Che cosa suggerisce il cameriere?
7. Quale vino bevono?

Domande personali

8. Porta lei il suo ragazzo/la sua ragazza a mangiare al ristorante?
9. Qual è il suo piatto preferito?
10. Beve il vino?

Parole utili

aglio e «oglio»	garlic and oil
antipasto caldo, l'	hot appetizers
brodeto, il	Venetian-style broth
mozzarella in carrozza, la	small sandwiches of white bread and mozzarella sprinkled with milk, floured, dipped in whipped eggs and fried in olive oil
piatto, il	a dish
primo, il	first course (of a meal)
risotto nero, il	risotto Venetian style
secondo, il	second course (of a meal)
sedersi	to sit down
specialità della casa, la	the specialty of the house
suggerire	to suggest

Espressioni utili

avere fame	to be hungry
Buona sera! Prego!	Good evening! Please come in!
Ci porti...!	Bring us...!
E per secondo?	And for the second course?
Mi scusino.	Excuse me.
Può suggerirmi...?	Can you suggest to me...?
Suggerirei...	I would suggest...
Torno subito.	I'll be right back.

B. Work with other students and make up conversations in which you order food in a restaurant. You may choose items from the menu below or think of others.

RISTORANTE IL GHIOTTONE
MENU ALLA CARTA

APERITIVI		ANTIPASTI	
Amari	2.250 lire	Antipasto caldo e mozzarella	5.500 lire
Bitter	1.750	Cozze all'olio e limone	6.250
Campari	2.225	Melone e prosciutto	2.750
Rosso Antico	2.500	Tartellette fredde al tonno	1.900

MINESTRE		PASTE	
Brodo di pollo	2.000 lire	Lasagne verdi al forno	6.500 lire
Crema di cipolle	2.300	Spaghetti alle vongole	5.000
Crema di piselli	2.500	Spaghetti aglio e oglio	5.750
Zuppa di verdure	2.750	Tortellini alla panna	6.250

PESCI		CARNI	
Aragosta lessata	11.000 lire	Anitra all'arancia	11.250 lire
Baccalà	6.500	Bistecca ai ferri	9.750
Cozze alla marinara	7.250	Ossibuchi alla milanese	6.350
Zuppa di pesce	9.750	Pollo alla cacciatora	6.000

CONTORNI		FORMAGGI	
Funghi	2.000 lire	Bel Paese	2.000 lire
Insalatina	1.250	Fontina	1.750
Patatine fritte	1.000	Gorgonzola	2.250
Piselli e fagiolini	1.750	Provoloni	3.900

DOLCI E DESSERT		CAFFÈ E GELATI	
Crema al caffè	1.450 lire	Caffè espresso	1.500 lire
Frittelle di mele	2.350	Cappuccino	2.250
Strudel di mele	2.225	Gelato alla vaniglia	3.000
Torta al cioccolato	2.450	Granita di caffè con panna	1.750

V I N I

Frascati	8.000 lire	Chianti	7.750 lire
Lambrusco	9.500	Valpolicella	8.250
Pinot Grigio	15.000	Verdicchio	13.500

Il conto non include mancia e tasse.

Parole utili

conto, il	check, bill	**mancia, la**	tip
includere	to include	**tassa, la**	tax

C. You and a friend are in a restaurant. Complete the following dialogue.

TOPIC   Eating with friends
SITUATION   Informal everyday conversation with friends
PURPOSE   To express likes and dislikes

You and a friend are seated in a restaurant at a table near the window. You are reading the menu. Meanwhile, a singer begins the song «Come te non c'è nessuno . . .»

L'AMICO/A Che bella canzone!

TU *(Say that you like it.)*

L'AMICO/A Ma non è una canzone napoletana?

TU *(Disagree and say that it is a romantic song.)*

L'AMICO/A Lui ti guarda!

TU *(Ask who.)*

L'AMICO/A Il cantante!

TU *(Ask why.)*

L'AMICO/A Forse vuole cantare al nostro tavolo.

TU *(Express happiness and say that you like the idea.)*

L'AMICO/A Eccolo! Viene verso di noi.

IL CANTANTE: «La prima cosa bella che ho avuto dalla vita è . . .»

TU *(Say that you love the words.)*

(At this point the waiter comes over to take the order.)

L'AMICO/A *(Sottovoce.)* Ti piacciono gli spaghetti aglio e olio?

TU *(Say you don't and indicate your preference.)*

L'AMICO/A Vuoi il vino bianco o il vino rosso?

TU *(Tell him/her to be quiet for a moment. You want to hear the song.)*

Parole utili

amare	to love	**rosso/a**	red
cantante, il (*f* **la cantante**)	singer	**sottovoce**	(speaking) softly
canzone, la	song	**verso di . . .**	toward
forse	maybe		

Espressioni utili

Fammi ascoltare . . .	Let me hear . . .
Lui ti guarda.	He is looking at you.
Ti piacciono . . . ?	Do you like . . . ?
Zitto!	Be quiet!

D. Situations: Give an appropriate response for each of the following situations:

1. *In pizzeria*

IL PIZZAIOLO: «Quale pizza preferisce?»

LEI: _____

2. *Alla tavola calda*

IL CAMERIERE: «Vuole un piatto di spaghetti aglio e olio o di fettuccine all'Alfredo?»

LEI: _____

3. *Al ristorante*

IL CAMERIERE: «Che cosa desidera da bere?»

LEI: _____

4. *Al negozio*

IL VENDITORE: «Buon giorno. Desidera?»

TU: _____

5. *Ai grandi magazzini*

IL VENDITORE: «Costa trenta mila lire.»

TU: _____

Parole utili

pizza napoletana, la	round pie with mozzarella and tomato sauce
pizza siciliana, la	thick square pie with tomato sauce, oil and oregano
venditore, il/venditrice, la	vendor/salesclerk

Espressioni utili

da bere   to drink

E. A waiter and a customer are talking. There is a great deal of noise and the waiter is having trouble jotting down the order. Find out what they are saying by matching each question with the corresponding answer.

Domande

1. Desidera ordinare signore/a?
2. Prende un antipasto tanto per incominciare?
3. Ma qual è la specialità della casa?
4. E per contorno?
5. Che cosa desidera da bere?
6. E per dessert?

Risposte

_____a. Voglio una bottiglia di vino rosso.
_____b. È la bistecca alla fiorentina.
_____c. Sì, ma mi porti il menù.
_____d. Sì...metà caldo e metà freddo.
_____e. Mi piace un'insalatina semplice.
_____f. Cappuccino e babà, prego.

Espressioni utili

tanto per	just to
per contorno	as a vegetable dish

F. Writing Tasks: For each of the topics below, write a list of four items in Italian.

1. You are going food shopping. In Italian, list four items you want to buy.

2. You are dining out tonight. In Italian, list four things you would like to order.

Riepilogando

1. Expressing wants and needs:

(a) *Shopping*

Mi dia mezzo chilo di mele.
Voglio un chilo di cipolle.
Vorrei comprare una gonna.

(b) *Eating out*

Voglio una zuppa di cipolle.
Mi porti un'insalata mista.
Per me un piatto di spaghetti.
Mi porti il conto, per favore.

2. Offering people something to eat or drink:

Che cosa prendono?
Che cosa vuole bere?
Vuole mangiare qualcosa?

3. Espressioni utili:

Accidenti!	Darn it!
Che misura è?	What size is it?
Ci porti...!	Bring us...!
Dice sul serio?	Are you serious?
Guardi attorno!	Look around!
Largo!	Make room!, Make way!
Le sta bene.	It fits you beautifully.
Lo prendo.	I'll take it.
Ma che fa?	What are you doing?
Ma che mi dà?	What are you giving me?
Mi dia un chilo di...	Give me a kilogram of...
Mi fa sembrare...	It makes me look...
Non mi dia...	Don't give me...
Può suggerirmi...?	Can you suggest to me...?
Quanto costa?	How much is it?
Sembra un divo!	You look like a movie star.
Si tenga tutto.	Keep it all.
Torno subito.	I'll be right back.
Tutto è a buon mercato.	Everything is cheap.
costoso.	expensive.
Vorrei provarmi l'abito.	I would like to try on the suit.

Specchio Riassuntivo

1. Che cosa   desidera?
                 vuole?

Desidero Voglio	
	un cappuccino.
Desidererei Vorrei	

2. Quanto costa(no)?

Il vestito	costa	175.000 lire.
I peperoni	costano	3 mila lire il chilo.

3. Che cosa preferisce?

Preferisco	la cintura dorata. i vestiti all'ultima moda. mangiare al ristorante.

4. Come le sta?

La gonna	mi sta	bene.
I pantaloni	mi stanno	stretti.

La gonna	mi fa	sembrare	bella.
I pantaloni	mi fanno		brutta.

5. Che cosa le piace?

Mi piace	l'antipasto caldo. la canzone. la ragazza/il ragazzo.
Mi piacciono	gli spaghetti al dente. i dollari. le città americane.

Note: The following are constructions with the verb *piacere*.

Ti piaccio?	Do you like me?	
Sì, mi piaci.	Yes, I like you.	familiar form of singular
No, non mi piaci.	No, I don't like you.	
Le piaccio?	Do you like me?	
Sì, mi piace.	Yes, I like you.	polite form of singular
No, non mi piace.	No, I don't like you.	

7 Andiamo in Sicilia

I. In Section One of this Unit, you will learn to express your aspirations and intentions.

A. Read the letter that Salvatore has written to Rosalia.

TOPIC	Travel
SITUATION	Personal letter to a friend
PURPOSE	To express personal feelings

Santa Barbara, 10 giugno 19____

Cara Rosalia,

Come stai? Come stanno il tuo papà e la tua mamma? Noi qui a Santa Barbara stiamo tutti bene. È da tempo che penso a te e alla bella Sicilia. Ho nostalgia di te. La scuola sta per finire ed io ho un forte desiderio di venire in Italia. Ti prego di studiare e di superare gli esami così possiamo passare molto tempo insieme.

Domani vado a prendere il biglietto. Parto con l'Alitalia appena finisce la scuola. Già chiudo gli occhi e sogno di stare accanto a te. Ho voglia di fare una bella passeggiata lungo il mare tenendoti per mano e di sorridere felice.

Ricordi la Valle dei templi greci, il tramonto del sole sul golfo e la voce del carrettiere cantando «Sicilia Bedda»?

Voglio visitare con te la Conca d'oro, l'Etna, Scilla e Cariddi. Solo tu puoi raccontarmi le avventure dei «pupi»! Voglio vedere nei tuoi occhi il mare, il cielo e il sole della bella Sicilia.

Spero di ricevere una tua lettera subito e ti prego di venire all'aeroporto il 28 giugno corrente.

A presto!

Tuo Salvatore

Domande

1. In quale città vive Salvatore?
2. Quando scrive la lettera?
3. A chi scrive la lettera?
4. Dove abita Rosalia?
5. Qual è il desiderio di Salvatore?
6. Che cosa va a prendere domani?
7. Ha voglia di fare una lunga passeggiata in montagna?
8. Quale canzone canta il carrettiere?
9. Quando arriva all'aeroporto Salvatore?

Domande personali

10. Conosce lei un ragazzo o una ragazza italiana?
11. Ha lei amici per corrispondenza?
12. È lei un tipo romantico come Salvatore?

Parole utili

accanto a ...	near	**pupi, i**	puppets
appena	as soon as	**sorridere**	to smile
carrettiere, il	cart driver	**tramonto del sole, il**	sunset
papà, il	daddy	**tutti**	everybody, all
passeggiata, la	walk, stroll		

Espressioni utili

È da tempo che ...	It is quite a while since ...
Ho nostalgia di te.	I miss you.
Ho voglia di ...	I am longing to ...
lungo il mare	along the beach
...sta per ...	...is about to ...
superare gli esami	to pass one's examination
tenendoti per mano	holding your hand
Ti prego di ...	I beg you to ...

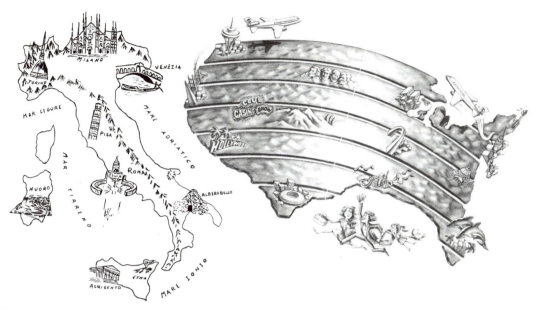

B. Look at these illustrations of Italy and of the United States and describe where you would like to go in each country and why. You may use the following expressions or think of others.

Desidero andare a ...
Ho voglia di ...

Sogno ...
Spero di ...
Penso di ...
Mi piace viaggiare in aereo.
in treno.
in auto.

Preferisco la città.
la campagna.
la montagna.
il mare.

Voglio visitare gli amici.
i monumenti.
i parchi nazionali.

C. You and a friend of yours are talking about vacation plans for a trip to Italy next summer. Your friend's answers are given below. What are your questions?

TU _____

LUI/LEI Quest'estate penso di andare in giro per l'Italia.

TU _____

LUI/LEI Mi piace viaggiare in auto. Ho voglia di guidare una Lamborghini o una Ferrari.

TU _____

LUI/LEI Desidero visitare la Sicilia, la Calabria e la Puglia.

TU _____

LUI/LEI Io invece penso di trascorrere 15 giorni in Sicilia.

TU _____

LUI/LEI Sì. Desidero vedere la Grotta Azzurra.

TU _____

LUI/LEI Penso di partire il primo agosto e di ritornare il ventuno settembre.

Parole utili

Calabria ⎫		invece	on the contrary,
Campania ⎬	regions of Italy		instead
Puglia ⎪		primo, il	first
Sicilia ⎭		trascorrere	to spend, to pass
Grotta Azzurra, la	Blue Grotto	viaggiare	to travel
guidare	to drive		

Espressioni utili

andare in giro per...	to travel around...
Penso di...	I'm thinking of...

D. Read the following comments made by three students about their plans for the future.

1. Laura, 16 anni, italo-americana del New Jersey.

«Quando finisco la scuola media superiore penso di andare all'università. Voglio studiare economia e commercio. Studio molto perchè dopo il diploma di laurea spero di ricevere una borsa di studio per andare a continuare i miei studi in Europa o in Messico. Per me è molto importante saper parlare bene due o tre lingue.

Desidero viaggiare e visitare altre nazioni per scoprire cose nuove, per vedere cose diverse e per imparare a capire come vivono gli altri.»

Parole utili

borsa di studio, la	scholarship
diploma di laurea, il	master's degree (equivalent of)
scoprire	to discover

2. Rosa, 20 anni, svizzera, di Chiasso.

«Studio ingegneria e computers. Penso di finire i miei studi all'università di Berna. Spero di trovare un impiego come tecnico trilingue presso una ditta con scambi internazionali e specialmente con gli Stati Uniti. Ho intenzione di andare a vivere a New York fra i grattacieli, il ponte di Verrazzano e la

Statua della Libertà. Voglio lavorare per una ditta americana di importazioni e esportazioni e poi sposare un ragazzo americano.»

Parole utili

impiego, l'	employment
presso (una ditta)	with (a firm)

3. Luigi, 18 anni, italiano di Roma.

«Fra non molto finisco i miei studi. Non cerco lavoro perchè ho un forte desiderio di viaggiare e conoscere il mondo. Vado sempre in giro per l'Europa, ma quest'anno ho voglia di visitare gli Stati Uniti. Tutti parlano di questo paese. Tutti dicono che è un mondo in miniatura. Arte, lingue e costumi della terra formano qui un arcobaleno di colori arricchendo e abbellendo città e paesi.»

Parole utili

abbellendo	embellishing, beautifying
arcobaleno, l'	rainbow
arricchendo	enriching

Domande

1. Quanti anni ha Laura?
2. È italiana Laura?
3. Che cosa vuole studiare all'università?
4. Che cosa è molto importante per lei?
5. Dove abita Rosa?
6. Studia ingegneria e computers?
7. In quale città vuole andare a vivere?
8. Chi desidera sposare?
9. Che cosa ha bisogno di fare Luigi?
10. Quale paese ha voglia di visitare quest'anno?
11. Perchè desidera visitare gli Stati Uniti?
12. Che cosa forma un arcobaleno di colori in questo paese?

Domande personali

13. Quando finisce la scuola lei?
14. Frequenta lei la scuola media superiore o l'università?
15. Che cosa desidera fare quando ha il diploma di laurea?
16. Le piace viaggiare?
17. Quali città preferisce lei?
18. In quale città abita lei?

E. Complete the following dialogue.

TOPIC   Future plans
SITUATION Informal interview with a friend
PURPOSE   To express personal feelings about your plans for the future

AMICO/A Che cosa pensi di fare nel futuro?

TU *(Say that you must think about it.)*

AMICO/A Pensi di continuare a studiare?

TU *(Agree and say that you hope to go to college.)*

AMICO/A Quale carriera vuoi seguire?

TU *(Say that you want to become a doctor.)*

AMICO/A Pensi di sposarti subito?

TU *(Disagree and tell why.)*

AMICO/A Hai altri piani?

TU *(Agree and tell him/her that you like to travel.)*

II. In Section Two of this Unit, you will practice talking about preferences.

A. An Italian magazine surveyed six hundred young people between the ages of 16 and 21 in New York, Boston, and Toronto. The survey focused on their preferences in sports and leisure activities. Look over the results and then answer the questions.

Tiro a segno	Gioco bocce	Tennis
Tiro a volo	Motocross	
Calcio	Baseball Softball	Nuoto
Pesca	Pallavolo	
Ciclismo	Tennis tavolo	Pallacanestro

S O N D A G G I O

Quale sport preferisce?		Quante ore alla settimana dedica allo sport?	
Il bowling	85	Più di 2 ore	381
Il calcio	22	Più di 4 ore	125
Il ciclismo	58	Più di 6 ore	94
Il football	124		
L' hockey	81		
Il nuoto	60		
Il pallacanestro	75		
Il tennis	95		

Dove preferisce passare le vacanze?		Che genere di musica preferisce?	
Al mare	275	La musica classica	25
In campagna	120	La musica da camera	30
In città	25	La musica disco	195
In montagna	180	La musica folk	88
		La musica jazz	121
		La musica pop	141

Quale capitale preferisce?		Quali città del Nord America preferisce?	
Atene	70	Chicago	70
Londra	85	Dallas	65
Madrid	89	Filadelfia	40
Mosca	74	Miami	90
Parigi	98	New York	125
Roma	99	San Francisco	100
Tokyo	85	Toronto	110

Domande

1. Quale sport preferisce la maggioranza dei giovani?
2. Quante ore alla settimana dedica allo sport la maggioranza dei giovani?
3. Qual è il luogo preferito per passare le vacanze?
4. Che genere di musica preferisce la maggioranza dei giovani?
5. Che genere di musica è meno popolare?
6. Qual è la capitale preferita?
7. Quale città del Nord America preferiscono?

Domande personali

8. Quale sport preferisci?
9. Quante ore alla settimana pratichi lo sport?
10. Dove preferisci passare le vacanze?
11. Che genere di musica ti piace?
12. Che cosa preferisci fare durante il tempo libero?
13. Quale città o paese straniero preferisci?
14. Quale città del tuo paese preferisci?

B. Complete the following dialogue in which two newly acquainted people talk about their preferences.

IL PRIMO Che cosa preferisci fare nel tempo libero?

IL SECONDO *(Indicate your preference.)*

IL PRIMO Pratichi lo sport?

IL SECONDO *(Indicate which one.)*

IL PRIMO Io amo la musica e tu?

IL SECONDO *(Give your opinion.)*

IL PRIMO Il mio hobby preferito è scrivere ascoltando la musica.

IL SECONDO *(Indicate your favorite leisure activity.)*

IL PRIMO Dove preferisci passare le vacanze?

IL SECONDO *(Tell where you will be next summer.)*

C. Read the following comments from four people about the kinds of life styles they prefer.

1. Angela Trombetta, 16 anni, canadese, nubile.

   «Sono giovane, carina, intelligente e seria. Preferisco un impiego sicuro ed un marito onesto . . . per tutta la vita. Il denaro? . . . Il denaro non ha importanza quando c'è l'amore.»

Parole utili
   carino/a cute

Espressioni utili
   Il denaro non ha importanza . . .   Money has no importance . . .

2. Antonio Capafresca, 18 anni, californiano, scapolo.

   «Le cose più importanti per me sono libertà, azione e varietà. Amo il dolce far niente. Il denaro non ha importanza per me. Vivo la vita così come viene. Amo lavorare poco. Preferisco un lavoro dove guadagno molto e mi riposo moltissimo. La vita è corta e voglio viaggiare, conoscere altri popoli e gente diversa.»

Parole utili
guadagnare   to earn
mi riposo...   I rest, relax

3. Filippo Zappa, 28 anni, italiano, sposato.

«Ho moglie e tre figli. La famiglia è molto importante per me. Un impiego sicuro mi dà tranquillità e benessere. Nonostante ciò preferisco un posto di responsabilità. Nel futuro voglio essere direttore capo o presidente della ditta.»

Parole utili
benessere, il   well-being, comfort
nonostante   despite

4. Maria Bono, 25 anni, di Filadelfia, sposata.

«Sono una donna sensibile e romantica. Sono infermiera e amo la vita. Preferisco quelle attività dove posso aiutare e essere utile agli altri. Mi piace il mio lavoro perchè mi dà soddisfazioni tanto nel campo economico quanto in quello professionale.»

Espressioni utili
agli altri   to others
tanto...quanto...   as...as...

Domande
1. Che tipo di lavoro preferisce Angela?
2. È importante il denaro per lei?
3. Quali sono le cose più importanti per Antonio Capafresca?
4. Che cosa ama lui?
5. Come vive la vita?
6. Qual è la cosa più importante per Filippo Zappa?
7. Che cosa gli dà un impiego sicuro?
8. Quali sono i suoi piani per il futuro?
9. Che lavoro fa Maria Bono?
10. Perchè le piace il suo lavoro?

Domande personali

11. Che cosa fa lei dopo la scuola?
12. È importante il denaro per lei?
13. Che tipo di lavoro preferisce fare lei? Perchè?
14. Come ama vivere la vita?

D. You are listening to a radio program. The announcer invites the young listeners to call in and to voice their opinions. Complete the following dialogue. Use the list of expressions given and add others of your own choice.

TOPIC	Types of jobs
SITUATION	Radio program on today's youth and the world of work
PURPOSE	To express ideas about the type of work preferred

INTERVISTATORE Pronto! Chi chiama?

TU *(Give your name.)*

INTERVISTATORE Che cosa fa lei? Studia o lavora?

TU *(Say that you are a student but are looking for a job.)*

INTERVISTATORE Che lavoro vuole fare?

TU *(Indicate your preference.)*

INTERVISTATORE Perchè preferisce questo lavoro?

TU *(Explain.)*

INTERVISTATORE Lei è giovane. Qual è la cosa più importante nella vita per lei?

TU *(Give your opinion.)*

Espressioni utili

cercare lavoro	to look for a job
trovare lavoro	to find a job
andare al lavoro	to go to work
tornare dal lavoro	to come from work
perdere il lavoro	to lose one's job
lavorare a giornate	to work by the day
a ore	to work by the hour
a cottimo	to do piecework
un lavoro autonomo	self-employed
difficile	difficult job
domestico	domestic service
facile	easy job
impegnativo	demanding job

interessante	interesting job
monotono	monotonous job
pesante	hard work
specializzato	skilled labor
straordinario	overtime work

guadagnare	**bene**	to earn, to make good money
	abbastanza	to earn enough
	molti soldi	to earn a lot of money
	pochi	to earn little money

Voglio un lavoro dove ho la possibilità di ...

Desidero lavorare come ... perchè ...

Mi piace il lavoro manuale perchè posso ...

Adesso per me è più importante studiare perchè ...

Preferisco un lavoro intellettuale perchè ...

Nella vita la cosa più importante per me è ...

Nella vita la cosa meno importante per me è ...

E. Conduct a survey of your classmates on what they consider important in choosing a job. Ask about the points listed at the left. Then give an oral report. Tell how many chose a job according to each of the following statements.

Molti studenti scelgono un impiego/lavoro perchè ...

Numero di studenti

Ci sono molte vacanze _____

Prendono decisioni importanti _____

Guadagnano molti soldi _____

Hanno responsabilità _____

Hanno sicurezza _____

Hanno soddisfazioni _____

Incontrano gente importante _____

Possono aiutare la gente _____

Possono avere successo _____

Viaggiano molto _____

F. Writing Tasks

PART A—LISTS: For each of the four topics below, write a list of four items in Italian.

1. You are going camping for the weekend. List four items you would like to bring with you.

2. You are studying at an international school. In Italian, list four reasons why you are there.

3. You want to travel across the United States. In Italian, write four things you would like to do on the trip.

4. You are answering a survey on the pastimes of today's youth. In Italian, write four things you enjoy doing.

PART B—NOTES: Write a note of three sentences for each of the two tasks below.

1. You are going on a trip to Italy. In Italian, write a note to your friend giving information about your departure and time of arrival.

2. Your friend from Palermo has expressed the desire to study at an American university. In Italian, drop him/her a note asking for information about his/her selected field of study.

Riepilogando

1. Expressing hopes and aspirations:

   Ho voglia di fare una bella passeggiata.
   Spero di ricevere una tua lettera.

2. Expressing desires and intentions:

   Desidero viaggiare.
   Ho intenzione di vivere a New York.
   Penso di andare all'università.
   Voglio visitare la Sicilia.

3. Expressing preferences:

   Dove preferisci passare le vacanze?
      Preferisco andare al mare.

   Quale impiego preferisce?
      Preferisco un lavoro intellettuale.

4. Espressioni utili:

andare in giro per...	to travel around...
È da tempo che...	It is quite a while since...
Finisco di studiare.	I finish studying.
Il denaro non ha importanza...	Money has no importance...
Ho nostalgia di te.	I miss you.
Ho voglia di...	I am longing to...
Mi piace viaggiare in aereo.	I like to travel by plane.
penso di...	I'm thinking of...
...sta per...	...is about to...
Ti prego di...	I beg you to...

Specchio Riassuntivo

1.

Appena Dopo che Quando	comincia finisce	la lezione...

2.

Ho intenzione di	andare a vivere a New York. continuare gli studi. sposare un uomo ricco.

3.

Ho voglia di	fare una bella passeggiata. visitare gli Stati Uniti. viaggiare.

4.

Come sta	il tuo	papà? amico? professore?
	la tua	mamma? ragazza? amica?

5.

Che cosa	desideri/desidera pensi/pensa di speri/spera di preferisci/preferisce vuoi/vuole	fare?

6.

Desidero Penso di Spero di Preferisco Voglio	lavorare per una ditta americana.

8 Dove posso parcheggiare l'auto?

I. In Section One of this Unit, you will learn to express possibility and impossibility, necessity, and permission. You will also learn to talk about actions that are prohibited.

A. Read the following dialogue between a father and a son who are watching television after supper.

TOPIC   Personal interests
SITUATION   Informal conversation with familiar adults
PURPOSE   Expressing personal feelings about cars

FIGLIO Papà, mi piace la Lamborghini rossa!

PADRE Sì, ma non puoi guidare bene! Sei troppo giovane e per poter guidare hai bisogno della patente.

FIGLIO Ma, papà, ho già il foglio rosa. A scuola seguo il corso di scuola guida. Posso guidare la tua macchina con te perchè tu hai la patente. Possiamo guidare insieme!

PADRE Sono contento di sentire che tu hai già il foglio rosa, ma sono anche preoccupato.

FIGLIO E perchè?

PADRE Debbo telefonare all'assicurazione. Ho bisogno di rivedere la mia polizza. Debbo avere non solo l'assicurazione contro il furto e contro l'incendio, ma anche contro gli incidenti stradali.

FIGLIO Ma, papà! Ho la testa sul collo io! Non sono mica uno scemo! Io non corro con la macchina.

PADRE Ma che dici! Con quella faccia! Tu sei un pirata della strada. Sei nervoso e vuoi sempre attirare l'attenzione delle ragazze. E se poi la macchina non funziona. Che fai? Telefoni all'agenzia di soccorso stradale o chiami la pattuglia di polizia?

FIGLIO Ma, papà! Io voglio prendere la patente internazionale. Voglio guidare le Ferrari. Voglio essere un grande campione. Ma, papà, che fai? Dormi?... Ma guarda come russa!

Domande

1. Chi sono i personaggi del dialogo?
2. Quale auto piace al figlio?
3. Di che cosa ha bisogno il figlio per guidare?
4. Che cosa ha già il ragazzo?
5. A chi deve telefonare il padre?
6. È necessario avere anche l'assicurazione contro gli incidenti stradali?
7. Che tipo è il ragazzo, secondo il padre?
8. Che cosa deve fare il ragazzo quando la macchina non funziona?
9. Quali altre macchine vuole guidare il ragazzo?
10. Il padre ascolta il ragazzo o dorme e russa?

Domande personali

11. Ha lei la patente?
12. Quali corsi deve seguire per prendere la patente?
13. È lei un tipo con la testa sul collo o è distratto?
14. Chiama lei la polizia quando è in pericolo?
15. Comunica lei con suo padre?

Parole utili

assicurazione, l' (*f*)	insurance
attirare	to attract, to catch one's attention
foglio rosa, il	driving permit
furto, il	theft
incendio, l'	fire
incidente stradale, l' (*m*)	road accident
patente, la	driver's license
pattuglia di polizia, la	police patrol car
pirata della strada, il	hot rod
polizza, la	(insurance) policy
preoccupato/a	worried
russare	to snore
scemo, lo	stupid, idiot
soccorso stradale, il	road service

Espressioni utili

Ho la testa sul collo.	I have my head on my shoulders.

B. Can you make sense of this conversation between a motorist and a police officer? Match each question with the appropriate answer.

Domande

1. Qual è il limite di velocità?
2. Si può posteggiare in questa strada?
3. Ma dov'è il semaforo?
4. Si può girare a sinistra?
5. Dov'è la piazza?

Risposte

a. No, non si può.
b. No, è proibito posteggiare qui.
c. È a due traverse da qui.
d. Non sa che non si passa col rosso?
e. È 40 km orari.

Parole utili

limite di velocità, il   speed limit
posteggiare   to park (a car)
semaforo, il   traffic lights

C. Study the road signs. They prohibit some action. Then complete the dialogue below by using the suggested phrases that follow it or your own expressions.

Divieto di
svolta a sinistra

Divieto
di sosta

Divieto di
signalazioni
acustiche

POLIZIOTTO Scusi, ma che cosa indica il segnale?

MOTORISTA *(Say that you are not allowed to make a left turn.)*

POLIZIOTTO Va bene. Dopo la svolta, lei, senza guardare, si ferma qui. E qui che segnale c'è?

MOTORISTA *(Say that it is prohibited to park.)*

POLIZIOTTO Bene, bene. Lei è qui e suona il clacson. Ma siamo vicino all'ospedale!

MOTORISTA *(Apologize and indicate that you know that "honking" is not allowed near a hospital.)*

POLIZIOTTO Bravo! Complimenti! Lei conosce molto bene le regole stradali perciò... Ecco... Prenda la sua contravvenzione.

MOTORISTA *(Ask the officer what he/she is doing. Tell him/her you do not understand why he/she wants to give you a ticket.)*

Espressioni utili

Mi dispiace.	I'm sorry.
Mi scusi.	Excuse me.
C'è il divieto di svolta a destra/a sinistra.	No right/left turn.
È vietato parcheggiare.	No parking.
È proibito fare segnalazioni acustiche.	No use of horns.
fare la multa/la contravvenzione	to give a ticket

D. Match each of the following questions with the appropriate answer.

1. Dove si può fare una telefonata?
2. Come si può andare da New York a Boston?
3. Dove si può comprare un giocattolo?
4. A che ora possiamo visitare il museo?
5. Dove si può comprare la benzina?
6. Dove possiamo giocare una partita a tennis?
7. Quando posso venire a parlare con il direttore?

a. All'angolo c'è una stazione di servizio.
b. C'è un campo al Club dello Sport.
c. Domani.
d. Dietro l'ufficio postale c'è una cabina telefonica.
e. In fondo alla strada c'è un negozio di giocattoli.
f. C'è il divieto di sosta.
g. Qui a destra c'è la banca.
h. Alle 10.00.

8. Perchè non posso
   parcheggiare qui?
9. Dove posso cambiare i dollari?

i. In macchina, in treno,
   in autobus o in aereo.

Parole utili

benzina, la	gasoline
giocattolo, un	toy
negozio di giocattoli, un	toy store

E. Mr. Lancia has just arrived in Turin and telephones Mr. Agnelli. The secretary answers.

Study the following conversation.

TOPIC	Occupations
SITUATION	Informal everyday conversation with adults
PURPOSE	To provide and obtain information about facts and needs

SEGRETARIA Pronto! Chi parla?

SIG. LANCIA Sono il Signor Lancia. Vorrei parlare con il Signor Agnelli. È per il posto di commesso.

SEGRETARIA Mi dispiace, ma il Signor Agnelli è occupato. È a una riunione e non può ricevere nessuno. Può telefonare domani?

SIG. LANCIA Domani ho un appuntamento a Detroit e mi è impossibile. Ho bisogno di parlare con lui subito.

SEGRETARIA Oggi è impossibile... Può venire giovedì?

SIG. LANCIA OK! Giovedì va bene. A che ora posso venire in ufficio?

SEGRETARIA Alle nove e mezzo. Va bene?

SIG. LANCIA OK, signorina.

SEGRETARIA Scusi...come si scrive il suo nome?

SIG. LANCIA L-a-n-c-i-a.

SEGRETARIA Grazie, Signor Lancia. Arrivederla a giovedì.

SIG. LANCIA OK, grazie. Arrivederla a giovedì.

Domande

1. Chi sono i personaggi del dialogo?
2. Con chi vuole parlare il Signor Lancia?
3. Dov'è il Signor Agnelli?
4. Può egli ricevere qualcuno?
5. In quale città ha un appuntamento il Signor Lancia?
6. Quando ha bisogno di parlare con il Signor Agnelli?
7. Può il Signor Lancia venire in ufficio giovedì?
8. A che ora?

Domande personali

9. Conosce lei un uomo d'affari italiano?
10. Riceve lei qualcuno quando è in riunione?
11. Ha lei un appuntamento con qualcuno oggi?

Parole utili

appuntamento, l'	appointment
riunione, la	(business) meeting

F. Can you make up a dialogue similar to the one in Part E? Work with another student and play the roles of the secretary and of the business person but use different names. The business person should set up an appointment, explain the reason for the appointment, and agree on the date and the time.

II. In Section Two of this Unit, you will practice saying what or whom you know or don't know. You will also learn to say what you can or can't do.

A. Study the following dialogue.

TOPIC   Big city
SITUATION Interaction with a police officer
PURPOSE   To express personal feelings about attitudes

Sono le sedici (4 p.m.) ed è l'ora di punta a Roma. C'è molto traffico. Il vigile fischia forte e ferma un'auto.

IL VIGILE Ma che fa? Non sa che non può girare a destra?

MOTORISTA Mi scusi, signor vigile. Se lei sapesse!

IL VIGILE Eh, io vedo e so un sacco di cose!

MOTORISTA Ma...ma io ho mia suocera in macchina.

IL VIGILE Ma chi la conosce!

MOTORISTA La smetta! Non faccia lo spiritoso, eh!

IL VIGILE Sa che cos'è questo? È il libretto delle con...trav...ven...zioni!

MOTORISTA E lei non sa chi sono io!

IL VIGILE Eh sì! Io la conosco di vista! Lei è uno che la sa lunga!

MOTORISTA Stia zitto! Non sa quello che dice. Io sono il nipote del ministro senza portafogli.

IL VIGILE Su, mi dia la patente.

MOTORISTA Appena arrivo a casa faccio una bella telefonata!

IL VIGILE La patente, prego!

Domande

1. Chi sono i protagonisti del dialogo?
2. Che ore sono a Roma?
3. Che cosa fa il vigile?
4. Può il motorista girare a destra?
5. C'è qualcuno in macchina con il motorista?
6. Il vigile conosce la suocera del motorista?
7. Secondo il motorista, è spiritoso il vigile?
8. Secondo il vigile, chi è il motorista?
9. Perchè il vigile non sa quello che dice?
10. Che cosa vuole il vigile dal motorista?

Domande personali

11. A che ora c'è l'ora di punta nella sua città?
12. Ci sono i vigili negli Stati Uniti?
13. Conosce lei i segnali stradali?
14. Sa lei guidare la macchina?
15. È lei uno che la sa lunga?

Parole utili

ora di punta, l'	rush hour	**suocera, la**	mother-in-law
spiritoso, lo	the wise guy		

Espressioni utili

E chi la conosce!	And who the heck are you!
Io la conosco di vista.	I know you by sight.
Io so un sacco di cose.	I know a lot of things.
La smetta!	Cut it out!
Lei la sa lunga.	You know it all.
Lei non sa chi sono io.	You don't know who I am.
Non faccia lo spiritoso!	Don't be a wise guy!
Non sa che non può...?	Don't you know that you can't...?
Non sa quello che dice.	You don't know what you're saying.
Se lei sapesse!	If you only knew!
Stia zitto/a.	Keep quiet.

B. Study the first four situations. Then complete the rest of them with the correct form(s) of *sapere* or *conoscere*.

1. TURISTA Sa dov'è Piazza Washington?

   IL VIGILE Certamente. Conosco bene la città e so dove sono tutte le piazze.

2. LUI Conosce il dottor Pacione, signorina?

   LEI No, non lo conosco.

   LUI Ma non sa che è un medico famoso?

   LEI No, non lo so.

3. IL PROFESSORE Sa la risposta?

   LO STUDENTE No, non la so.

4. IL BANCHIERE Conosce lei la moneta italiana?

   IL TURISTA Mi dispiace ma non la conosco.

5. PASSANTE Scusi, signore, _____ che ore sono?

   SIGNORE No, non lo _____ . Non ho l'orologio.

6. PRIMO TURISTA _____ (tu) bene la città di New York?

   SECONDO TURISTA Sì, sì, la _____ . È una città fantastica.

7. CARLO Chi è il sindaco di questa città? Lo _____ (tu)?

   ANTONIO No, non lo _____ . Non _____ nessuno qui.

8. MOTORISTA Scusi, _____ (*lei*) come andare al Metropolitan?

   PEDONE No, non lo _____ . Non sono di qui.

9. PRIMO TIFOSO _____ (*tu*) Joe Montana?

   SECONDO TIFOSO Non lo _____ personalmente, ma _____ molto di lui.

10. LUISA _____ (*tu*) dove abita Sylvester Stallone?

    LAURA Sì, lo _____ . Io _____ il bravo attore.

11. GIANNI _____ (*tu*) Elisa?

    PINA Non la _____ , ma mia sorella la _____ bene.

C. Complete this questionnaire. Use the following sentences to answer each question.

Sì, (lo/la) so. *Sì, (lo/la) conosco.*
No, non (lo/la) so. *No, non (lo/la) conosco.*

Questionario			
1. Conosci/sai _____ ?		**3.** Sai giocare a _____ ?	
il cinese	_____	baseball	_____
il francese	_____	bocce	_____
il giapponese	_____	carte	_____
il latino	_____	football	_____
il russo	_____	pallacanestro	_____
il tedesco	_____	pallone	_____
l'inglese	_____	ping-pong	_____
l'italiano	_____	scacchi	_____
lo spagnolo	_____	tennis	_____
un dialetto	_____	tombola	_____
2. Conosci _____ ?		**4.** Sai _____ ?	
il direttore	_____	ballare il tango	_____
il professore	_____	cantare la canzone	_____
il sindaco	_____	guidare l'auto	_____
la ragazza	_____	pattinare bene	_____
la signorina	_____	suonare il piano	_____

(continued)

5. Sai _____ ?

che cosa è questo	_____
che cosa fa	_____
che ora è	_____
chi è	_____
come si chiama la ragazza	_____
dove abito	_____
il suo numero di telefono	_____
quello che dici	_____

Note: Both *sapere* and *conoscere* mean "to know."
Sapere also means "to know how."
Conoscere, not *sapere,* is used to say that you "know" someone.

Examples: *Conosco il professore.*
So leggere.

D. Use the above questionnaire to conduct a poll about "what or whom" the students in your class know. Then give an oral report. You should use sentences like the following when making your presentation

1. Anna sa (*conosce*) l'inglese, il cinese, il russo e lo spagnolo.

2. La signorina sa suonare la chitarra e il piano.

3. Sa giocare a pallavolo e a tennis.

4. Non sa sciare ma sa nuotare bene.

5. Conosce il sindaco della città ma non conosce il preside della scuola.

E. Complete the following dialogue.

TOPIC   Activities: Hobbies, sports, or other interests
SITUATION   Informal conversation with a friend
PURPOSE   To provide information

AMICO Ciao! Sai perchè Rocco è in palestra?

TU *(Say that Rocco knows how to play baseball.)*

AMICO Sai chi è l'allenatore? Lo conosci?

TU *(Answer that you know him.)*

AMICO Andiamo a giocare.

TU *(Tell him that you prefer to play ping-pong.)*

AMICO Perchè?

TU *(Say that you have a Chinese friend who knows how to play well.)*

AMICO Conosci anche il cinese?

TU *(Tell him that you know how to speak it a little.)*

F. An international firm is hiring bilingual and multilingual personnel. You apply for a position as an Italian translator. You are called for a job interview.

TOPIC   The world of work
SITUATION Formal job interview
PURPOSE   To provide information about yourself

MANAGER Quante lingue conosce?

TU *(Say how many languages you know.)*

MANAGER Sa parlare e scrivere bene l'italiano?

TU *(Answer affirmatively.)*

MANAGER Sa usare il computer?

TU *(Say that you know how to use it.)*

MANAGER Conosce la stenografia?

TU *(Answer negatively.)*

MANAGER Che cos'altro sa fare?

TU *(Indicate that you are fluent in English and Spanish.)*

MANAGER Non conosce nessuno in questa ditta?

TU *(Answer negatively.)*

G. Writing Tasks: Write a note of three short sentences for each of the two tasks below.

1. Your grandparents want to buy you a car, but you still don't have a driver's license. In Italian, write them a note explaining why you can't have the car.

2. You seek employment with Rich Enterprises. In Italian, send a card to the manager requesting an appointment.

Riepilogando

1. Expressing personal feelings:

   Mi piace la Lamborghini rossa.   Mi dispiace.
   Voglio essere un grande campione.   Mi scusi.
   Sono preoccupato.

2. Expressing needs:

   Ho bisogno di parlare con lui.   Debbo telefonare all'assicurazione.

3. Expressing possibility and impossibility:

   Può venire domani?
       No. Mi è impossibile.

4. Expressing actions that are permitted and prohibited:

   Si può posteggiare in questa strada?   È vietato parcheggiare.
   Si può girare a sinistra?

5. Expressing knowledge about people and facts:

   Sa che cos'è questo?   Sa come si chiama la ragazza?
       No, non lo so.   No, non lo so.

   Conosce il dottor Pacione?
       No, non lo conosco.

6. **Espressioni utili:**

C'è il divieto di svolta.	No turn allowed.
E chi la conosce!	And who the heck are you!
È vietato parcheggiare.	No parking.
Ho la testa sul collo io!	I have my head on my shoulders.
Io la conosco di vista.	I know you by sight.
Io so un sacco di cose.	I know a lot of things.
La smetta!	Stop it!
Lei la sa lunga.	You know it all.
Lei non sa chi sono io.	You don't know who I am.
Mi dispiace.	I am sorry.
Non faccia lo spiritoso!	Don't be a wise guy!
Non lo so.	I don't know it.
Non sa che non può...?	Don't you know that you can't ...?
Non sa quello che dice.	You don't know what you're saying.
Se lei sapesse!	If you only knew!
Stia zitto/a.	Keep quiet.

Specchio Riassuntivo

1.

Posso Puoi Può Possiamo Potete Possono	guidare la Lamborghini rossa.

2.

Ho Hai Ha Abbiamo Avete Hanno	bisogno di	parlare con lui.

3.

Mi Ti Le Gli Ci Vi A loro	è impossibile	venire domani.

4.

Come Dove Perchè Quando A che ora	si può	andare a giocare a tennis?

5.

È	vietato proibito	parcheggiare qui.

6.

(Io)	so	
(Tu)	sai	
(Egli) (Lei) (Lui)	sa	un sacco di cose! chi è lei!
(Noi)	sappiamo	
(Voi)	sapete	
(Essi) (Loro) (Esse)	sanno	

7.

(Non) sa	guidare la macchina? quello che dice! che cos'è questo?

8.

(Io) (Tu)	conosco conosci	
(Lei) (Lui)	conosce	la segretaria della scuola. il sindaco della città.
(Noi) (Voi)	conosciamo conoscete	
(Loro)	conoscono	

9.

(Non) conosce	nessuno qui. l'attore. i segnali stradali.

9 Ma càpita tutto a me!

I. In Section One of this Unit, you will learn to ask and answer questions about daily activities, particularly in relation to school and work.

A. Read the following selection, and then answer the questions that follow.

Ma càpita tutto a me!

«Svegliati! È tardi!» grida la mamma.

Sono quasi le sette e mezzo e Salvatore Pericoli è ancora a letto. Egli dorme...e...ron...ron...ntra...ntra...tra..., russa come un trombone.

Il poverino è stanco. E come è soffice il suo cuscino! Egli sta sognando: È il re della foresta e vola di albero in albero come un uccello...ma senza le ali.

Senza le ali? «Aiuto! Aiuto! Sto cadendo!»

Salvatore Pericoli grida e apre gli occhi.

«Ma quante volte ti devo chiamare? Alzati!», sgrida la mamma. «Ma ci vuoi andare a scuola oggi...sì o no?»

Salvatore si alza, si mette i pantaloni, afferra i calzini puliti e corre nel bagno.

Già è sotto la doccia, si fa il bagno, si lava i capelli, ma ohimè!, l'acqua rovina i suoi bluejeans nuovi.

«Accidenti!» si lamenta. «Càpita tutto a me.»

«E adesso che ti metti!» si lamenta la mamma.

«Mi metto i pantaloni vecchi. Oggi tutti si mettono i pantaloni vecchi!»

«Che vita! Mi alzo, vado a scuola, torno a casa, vado a fare la spesa per la mamma, lavoro con il papà, devo fare i compiti. E non ho mai tempo di fare niente! Ed è la solita vita tutti i giorni! Salvatore vieni qui...Salvatore vai là...»

Salvatore guarda l'orologio. È tardi! «Anche quando pensi, il tempo vola!» dice fra sè il ragazzo. Sono le otto e un quarto. Si beve un bicchiere di latte e corre verso la fermata dell'auto...ma l'auto non c'è. Egli guarda e vede l'auto in fondo alla strada. Povero Salvatore! Egli va a piedi verso la scuola e arriva in ritardo.

«Un momento. Perchè non entro dalla porta laterale? È aperta? Adesso vedo...»

La porta si apre, ma...

«Fermatelo!» grida il signor Trobetta, il preside della scuola. «Fermatelo!»

Domande

1. Che ore sono?
2. Chi dorme e russa?
3. Sta sognando Salvatore Pericoli?
4. Perchè vola come un uccello?
5. Che cosa dice la mamma quando sgrida?
6. Dove va Salvatore quando si alza?
7. Si fa lo shampoo?
8. Qual è il suo problema?
9. Perchè Salvatore non ha mai tempo di fare niente?
10. Che ore sono quando Salvatore lascia la casa?
11. C'è l'auto?
12. La porta laterale è aperta, ma che cosa succede?

Domande personali

13. Dorme lei molto o poco?
14. Russa lei quando dorme?
15. Si alza lei a tempo per andare a scuola?
16. Che cosa fa lei quando si alza?
17. Arriva lei in ritardo a scuola?
18. Ha amici e amiche?
19. Ha tempo per gli amici?
20. Lavora lei dopo la scuola?

Parole utili

afferrare	to grab	**lamentarsi**	to complain
ala, l' (*pl* **le ali**)	wing	**lavarsi**	to wash oneself
calzino, il	sock	**mettersi**	to put on
cuscino, il	pillow	**(i pantaloni)**	(one's trousers)
doccia, la	shower	**porta laterale, la**	side door
fermata, la	(bus) stop	**pulito/a**	clean

re, il	king	**soffice**	soft
rovinare	to ruin	**uccello, l'**	bird
russare	to snore		

Espressioni utili
Fermatelo!   Stop him!   **Svegliati!**   Wake up!

B. The students in the Italian class are giving brief talks on their daily activities. It's your turn to stand up and speak about yourself and your own activities.

TOPIC   Common activities
SITUATION   Short presentation given to a group
PURPOSE   To socialize with peers

Tell the class:

1. Come ti chiami.
2. Dove abiti.
3. Quanti anni hai.
4. Se studi e lavori.
5. Qual è il tuo programma di studio.
6. A che ora ti alzi la mattina.
7. Che cosa ti metti per venire a scuola.
8. Come va la scuola o il lavoro.
9. Le persone che vedi a scuola.
10. Quello che fai dopo la scuola.

C. Read this description of Paolo Paparazzi, where he lives and works, what he wears, and how he travels to work.

Paolo Paparazzi è un giornalista di fama internazionale. Egli abita a Manhattan e lavora nella zona di Wall Street. È un tipo strano. Si mette sempre gli occhiali scuri ed un vestito nero. Prende il taxi per andare a lavorare. Lascia la casa alle 7.30 e arriva in ufficio alle 7.45. Si beve un caffè e incomincia subito a lavorare.

Parole utili

fama, la	fame	**occhiali, gli**	eyeglasses
giornalista, il/la	news reporter	**strano/a**	strange
lasciare	to leave		

Expressioni utili
nella zona di...   in the area of...

Now, using the model above, give brief oral descriptions of the following people. Say who they are, tell what their professions are, where they live and work, what they wear, and how they travel to work.

Nome	Professione	Città e lavoro	Tipo	Si mette	Viaggia
Aldo Leone	agente di viaggi	Denver (Colorado)	cortese	vestito e cravatta	autobus
Gina Caruso	cantante	Roma (Italia)	eccentrico	pelliccia	limousine
Franco Verdi	poliziotto	Kansas City (Missouri)	distinto	uniforme	auto
Teresa Lo Bianco	segretaria	Seattle (Washington)	elegante	pullover, gonna e giaccone	treno

Parole utili

agente di viaggi, l'	travel agent
cortese	courteous, polite
distinto/a	distinguished
eccentrico/a (*pl* **eccentrici/ eccentriche**)	eccentric
giaccone, il	(heavy) jacket
pelliccia, la	fur
uniforme, l' (*f*)	uniform

D. Complete the following dialogue.

TOPIC   Daily routines
SITUATION   Telephone conversation with peers
PURPOSE   To provide information about neighborhoods

RAGAZZA Ma tu dove abiti?

TU *(Give information.)*

RAGAZZA Com'è il tuo quartiere?

TU *(Describe your neighborhood.)*

RAGAZZA Ma io conosco il tuo quartiere!
Non abito lontano da te.

TU *(Express surprise.)*

RAGAZZA E tu lavori nel tuo quartiere?

TU *(Tell her that you go to school.)*

RAGAZZA Dove?

TU *(Give name of school.)*

RAGAZZA Come vai a scuola?

TU *(Ask why.)*

RAGAZZA Anch'io frequento la stessa scuola e prendo la metropolitana.

TU *(Say that you too take the subway.)*

RAGAZZA Magnifico! Domani ti aspetto vicino all'ufficio postale. Ciao, a domani!

TU *(Agree and say good-bye.)*

E. Read the following selection and then answer the questions.

L'esperimento del secolo

La campana sta per suonare. C'è silenzio assoluto nel laboratorio di scienze della signorina Tagliagambe. Sono gli ultimi momenti di un esperimento biochimico. Ancora un momento e... speriamo, speriamo! Gli studenti ricercano formule di fisica, calcolano equazioni di matematica e trigonometria, interpretano rapporti medici in varie lingue, studiano storia, geografia e ambiente. Finalmente hanno nel laboratorio la rana ideale che viene dalle foreste tropicali del Brasile.

Con una serie di esperimenti di chimica, i nostri studenti vogliono creare il miracolo del secolo. Bombardando la catena del DNA con raggi XYZ e onde sonore, in una vasca d'acqua, essi sperano di creare una super-rana. La musica delle bollicine d'acqua e i raggi XYZ fanno produrre al cervello neutroni verdi e la rana.... Ormai tutto è pronto. Gli studenti sono ansiosi di essere testimoni dell'esperimento del secolo... e di vincere una borsa di studio. Anche la stampa è interessata in quanto sta per accadere.

Mancano cinque minuti alla fine della lezione. Il momento è arrivato. La mano della signorina Tagliagambe è sulla leva. Zinc... zanc... crick... crack e la scarica di corrente elettrica attraversa il corpo della rana. L'animale... Guardate! Che succede? Il corpo dell'animale si allunga... si trasforma. La super-rana salta sul banco e balla... balla il twist. No! Balla il rock and roll!

Domande

1. Perchè c'è il silenzio assoluto nel laboratorio?
2. Che cosa fanno gli studenti?
3. Quale animale hanno nel laboratorio?
4. Come sperano di creare una super-rana?
5. Che cosa sperano di vincere?
6. Chi è interessato nell'esperimento?
7. Quanti minuti mancano alla fine della lezione?
8. Che cosa fa la corrente elettrica?
9. Cambia la rana?
10. Che cosa fa la super-rana?

Parole utili

accadere	to happen	**rana, la**	frog
allungarsi	to grow longer	**rapporto, il**	report
ambiente, l' (*m*)	environment	**ricercare**	to research
attraversare	to go through	**scarica, la**	discharge
bollicina, la	bubble	(*pl* **scariche, le**)	
bombardare	to bombard	**secolo, il**	century
borsa di studio, la	scholarship	**sperare**	to hope
calcolare	to calculate	**stampa, la**	the press
catena, la	chain	**ultimo/a**	last
esperimento, l' (*m*)	experiment	**vasca, la**	basin, tank
leva, la	lever	(*pl* **vasche, le**)	
onda sonora, l'	sound wave	**vincere**	to win
raggio, il	ray, beam		

Espressioni utili

fanno produrre al cervello...	make the brains produce...
La campana sta per suonare.	The bell is about to ring.
Mancano cinque minuti a...	It's five minutes to...

F. Get together with a group of students in your class. Read, act out, and memorize the following dialogue.

TOPIC Daily activities
SITUATION Informal talk with friends
PURPOSE To get others to adopt a course of action

PASQUALE Ciao.

SANDRA Ciao, come stai?

GIANNI Salve! Come va?

TU Buon giorno.

PASQUALE Càpita tutto a me!

SANDRA Non essere il solito pessimista.

GIANNI Forse la cosa è seria.

TU Forse è il solito problema.

PASQUALE Non è colpa mia, lo so.

SANDRA Questa è la solita scusa.

GIANNI Ma che cosa ti succede?

TU Parla, parla!

PASQUALE Il professore di scienze non mi può digerire.

SANDRA Non vale la pena fare il galletto in classe.

GIANNI Con il professor Spina bisogna studiare.

TU Ma tu partecipi alla lezione o guardi solo le ragazze?

PASQUALE Faccio finta di studiare.

SANDRA E ascolti il tuo walkman.

GIANNI Smettila di fare il buffone e studia.

TU Chiedi scusa al professore.

PASQUALE Quello mi boccia! Che devo fare?

SANDRA Tu devi andare a parlare con lui.

GIANNI Devi fare la persona seria con lui.

TU Devi dimostrare di sapere la lezione.

PASQUALE Oh, grazie amici! Sono orgoglioso di avere amici come voi.

Parole utili

forse	maybe	**scusa, la**	excuse
salve	hi, hello	**solito/a**	(the) usual

Espressioni utili

Chiedi scusa a ...	Apologize to ...
Devi fare la persona seria.	You must be serious.
Faccio finta di ...	I make believe I'm ...
fare il galletto	to be a wise guy
Lo so.	I know (it).
Non è colpa mia.	It's not my fault.
Non mi può digerire.	He/She can't tolerate ("digest") me.

Non vale la pena.	It doesn't pay.
Smettila di fare il buffone.	Stop being a clown.
Sono orgoglioso/a di...	I'm proud to...
Quello mi boccia!	He's going to fail me!

G. Complete the following dialogue between Giuseppe and yourself.

GIUSEPPE Ciao, come va?

TU *(Greet him.)*

GIUSEPPE Perchè sei in ritardo anche oggi?

TU *(Say that you usually get up late.)*

GIUSEPPE Capisco. Cominci con la matematica?

TU *(Agree and say that you don't have much time to study.)*

GIUSEPPE Perchè ti alzi tardi?

TU *(Explain that you work until midnight.)*

GIUSEPPE Dove lavori?

TU *(Tell him where.)*

GIUSEPPE Ma allora non è colpa tua.

TU *(Say that it's not your fault, but you know you must study more.)*

H. Now get up in front of the class and describe your own activities on a school day. Use the following suggested expressions and add any others of your own.

Sono uno studente/una studentessa.

Frequento la scuola...

Studio italiano, matematica,...

Le mie materie preferite sono...

Questo è quello che faccio ogni giorno...

II. In Section Two of this Unit, you will learn to talk about leisure activities. You will also learn to provide and obtain information about what people usually do in their spare time and on holidays and vacations.

A. Study the following interview with two young people—a brother and a sister. Then answer the questions.

TOPIC   Activities: Hobbies, sports, and other activities
SITUATION   Interaction with a TV interviewer in face-to-face communication
PURPOSE   To provide information about leisure activities

INTERVISTATORE Benvenuti al nostro programma «I Giovani d'Oggi».

ARTURO Grazie dell'invito.

LAURA È un piacere essere qui.

INTERVISTATORE Che cosa fa lei nel suo tempo libero?

ARTURO Faccio dello sport. Gioco a tennis.

LAURA Ballo. Vado a scuola di balletto.

INTERVISTATORE Che cosa fanno durante l'estate?

ARTURO Di solito viaggiamo.

LAURA Sì, viaggiamo con la famiglia.

INTERVISTATORE Perchè?

ARTURO La nostra è una famiglia unita.

LAURA Noi rispettiamo il papà e la mamma.

INTERVISTATORE E dove andate?

ARTURO In Italia.

LAURA Oh, no! Non andiamo solo in Italia ma visitiamo anche le città degli Stati Uniti.

INTERVISTATORE Ma qual è il suo hobby preferito?

ARTURO Telefonare alle ragazze. È questo un hobby? Veramente è il camping.

LAURA Sognare; parlare di ragazzi... Sono romantica e scrivo poesie.

Domande
1. Chi sono i personaggi dell'intervista?
2. Qual è il nome del programma televisivo?
3. Che cosa fa Arturo nel suo tempo libero?
4. Che cosa fa Laura?
5. Viaggiano Arturo e Laura? Dove vanno?
6. Quando viaggiano?
7. Vanno soli?
8. Qual è l'hobby preferito di Arturo?
9. Che tipo è Laura?

Domande personali

10. Che cosa fa lei nel suo tempo libero?
11. Viaggia lei?
12. Legge o scrive?
13. Pratica lo sport?
14. Guarda la televisione o ascolta la musica?
15. Qual è il suo hobby preferito?

Parole utili

balletto, il	ballet	**invito, l'**	invitation
benvenuto/a	welcome	**rispettare**	to respect

Espressioni utili

di solito	usually
fare dello sport	to practice a sport

B. The editor of a national magazine is conducting a poll on how students spend their leisure time. It's your turn to be interviewed. Please complete the following dialogue.

REDATTORE Ciao, come stai?

TU *(Say hello.)*

REDATTORE Come ti chiami?

TU *(State your name.)*

REDATTORE Dove vai a scuola?

TU *(Give name of your school.)*

REDATTORE E che cosa fai dopo la scuola?

TU *(Explain.)*

REDATTORE Come passi il weekend?

TU *(Say what you do.)*

REDATTORE Qual è il tuo hobby preferito?

TU *(Indicate which one.)*

C. Read the following selection and answer the questions.

Ma è questa una famiglia moderna?

C'è una casa in collina fra alberi di pini e cespugli in fiore. Come tu entri nel salotto della casa, tu scopri che... Che cosa? Qui abita una famiglia particolare. Qui c'è dinamismo, allegria, cultura, tradizione ed il calore di un sorriso amico.

L'avvocato, il signor Luigi Raffaele Aidala, è una persona molto distinta. Egli è un penalista di successo, ma è anche un atleta eccezionale.

Nel tempo libero pratica lo sport: nuota, va in bicicletta e gioca a tennis. Il suo hobby preferito è la fotografia.

La moglie, la signora Aidala è professoressa. E che tipo!... È una donna snella, allegra, intelligente ed attraente.

Lei ama suonare il pianoforte, leggere, ballare e viaggiare. Il suo hobby preferito è collezionare gli unicorni.

I figli, Arturo e Laura, sono due bravi ragazzi. Arturo frequenta l'università e Laura l'ultimo anno di High School. Lui è un ragazzo espansivo, alto, muscoloso e con una faccia amica; lei è una ragazza gioviale con capelli neri e lunghi ed occhi neri e penetranti.

Ma che cosa rappresenta questa famiglia? È una famiglia orgogliosa di essere americana di origine italiana. Venite qui quando è festa. Nonni, zii, cugini ed amici intimi sono qui. Tutti si salutano, si baciano e si abbracciano perchè il rispetto è importantissimo. Poi il papà prende il vino buono, riempie i bicchieri e dice: «Salute!» Tutti bevono e il pranzo comincia. Sulla tavola c'è ogni ben di Dio!

Questa famiglia sa unire l'utile al dilettevole. Questa famiglia è un simbolo: i figli di poveri immigrati siciliani, con lo studio, il lavoro, l'affetto e il sacrificio, continuano a salire la scala del successo.

Domande

1. Che cosa c'è fra gli alberi in collina?
2. Chi abita in questa casa?
3. Qual è la professione del signor Aidala?
4. Ha un hobby preferito?
5. Che tipo è la signora Aidala?
6. Che cosa le piace fare?
7. Quanti figli hanno i signori Aidala?
8. Arturo e Laura vanno a scuola?
9. Laura è bionda?
10. Di che cosa è orgogliosa di essere questa famiglia?
11. Chi viene a visitare la famiglia Aidala quando è festa?
12. Che cosa rappresentano, oggi, questi figli di poveri immigrati siciliani?

Parole utili

abbracciarsi	to hug
allegria, l'	happiness
amici intimi, gli	close friends
attraente	attractive
cespuglio, il	bush
collina, la	hill
dinamismo, il	energy, activity
distinto/a	distinguished, refined
eccezionale	exceptional
espansivo/a	exuberant, expansive
fra	between, among
gioviale	good-natured
nuotare	to swim
orgoglioso/a	proud
penalista, il/la	criminal lawyer
pino, il	pine tree
riempire	to fill
scoprire	to discover

Espressioni utili

Ogni ben di Dio!	All sorts of good things!
unire l'utile al dilettevole	to join pleasure and profit (to combine business with pleasure)

D. Which of the following activities do you do in your spare time? Can you rewrite them according to your order of preference?

Aiuto in casa.   1. _____

Ascolto i dischi.   2. _____

Esco con gli amici.   3. _____

Faccio la passeggiata.   4. _____

Faccio lo sport.   5. _____

Faccio qualcosa per hobby.   6. _____

Guardo la televisione.   7. _____

Leggo.   8. _____

Scrivo.   9. _____

Telefono agli amici.   10. _____

Vado al cinema.   11. _____

Vado in palestra.   12. _____

E. Now act as a journalist and interview as many students or friends as possible in order to find the likes and dislikes of your group. Jot down their answers. Use the following suggested questions or your own.

1. Guardi la televisione? Che programmi preferisci?
2. Ascolti la musica? Che genere di musica?
3. Che cosa leggi?
4. Fai lo sport?
5. Vai al cinema? Chi è il tuo attore preferito?
6. Fai qualcosa per hobby?
7. Preferisci portare i bluejeans o altri vestiti?
8. Segui la moda?
9. Esci con gli amici?
10. Che cosa studi con piacere?

F. Write a single complete sentence in Italian to describe what is happening in each of the following illustrations.

G. Situations: Give an appropriate response for each of the following situations.

1. You are in school. A student approaches you.

   Lo studente chiede: Che programma hai?

   Tu rispondi: _____

2. You and your friends are talking about leisure time.

   Un amico chiede: Che cosa fai dopo la scuola?

   Tu rispondi: _____

3. Carlo and Antonio are going to another neighborhood to pick up their dates.

   Carlo dice: Com'è questo quartiere?

   Antonio risponde: _____

H. Write a postcard to a friend and invite him/her to come to spend the weekend with you because...

You may use the following expressions:

   andare al cinema
   andare a fare un picnic
   andare in piscina a nuotare
   vedere la partita di baseball
   giocare a tennis

Caro(a) _____

I. Writing Tasks

PART A—LISTS: For each of the four topics below, write a list of four items in Italian.

1. You enjoy studying and helping around the house. In Italian, write a list of four things you do in the afternoon, after school.

2. You are going to plan your program with your guidance counselor. In Italian, list four subjects you like and why.

3. The student council is planning to give a "Certificate of Recognition" to a school security guard who originally came from Italy. In Italian, list four reasons why the security guard should be recognized.

4. You are the host of your school's talk show. In Italian, list four questions you would like to ask about students' leisure activities.

PART B—NOTES: Write a note of three sentences for each of the two tasks below.

1. You have been going to class late. In Italian, write your teacher a note and explain your latenesses.

2. Your friend is having problems coping with classwork and needs your help. In Italian, write him/her a note and give suggestions.

Riepilogando

1. Asking and answering questions about daily activities:

(a) —Alzati!—, sgrida la mamma. Salvatore si alza, si mette i pantaloni, si fa il bagno, si lava i capelli.

(b) E adesso che ti metti?
Mi metto i pantaloni vecchi, i calzini, la camicia e la giacca.

(c) A che ora ti alzi la mattina?
Mi alzo alle sette.

(d) Che cosa fa Paolo Paparazzi ogni giorno?
Si veste, lascia la casa alle sette e mezzo, prende il taxi; va in ufficio, si beve un caffè e incomincia a lavorare.

(e) Come vai a scuola?
Vado con la metropolitana.

(f) Dove lavori?
Lavoro in ufficio.

(g) Che cosa fai nel tuo tempo libero?
Faccio dello sport.

(h) Come passi il weekend?
Vado a fare un picnic con gli amici.

2. Espressioni utili:

Aiuto! Aiuto!	Help! Help!
Alzati!	Get up! Wake up!
Che devo fare?	What shall I do?
Chiedi scusa a ...	Apologize to ...
Ciao, a domani!	Good-bye! I'll see you tomorrow!
Devi fare la persona seria.	You must be serious.
Dici sul serio?	Are you serious?
È un piacere essere qui.	It's a pleasure for me to be here.
Faccio finta di ...	I make believe I'm ...
Fanno produrre al cervello ...	They make the brain produce ...
fare il galletto	to be a wise guy
Fermatelo!	Stop him!
La campana sta per suonare.	The bell is about to ring.
Lo so.	I know (it).
Mancano cinque minuti a ...	It's five minutes to ...

Non è colpa mia.	It's not my fault.
Non mi può digerire.	He/She can't tolerate (literally, "digest") me.
Non vale la pena.	It doesn't pay.
Quello mi boccia!	He's/She's going to fail me!
Si mette i pantaloni.	He/She puts his/her pants on.
Smettila di fare il buffone!	Stop being a clown!
Sono orgoglioso/a di...	I'm proud to...
Svegliati!	Wake up!
unire l'utile al dilettevole	to combine business with pleasure

Specchio Riassuntivo

1.

Mi	alzo	
Ti	alzi	subito.
Si	alza	alle sette.
Ci	alziamo	presto.
Vi	alzate	tardi.
Si	alzano	

2.

A che ora		
Dove		giocare?
Come	vai a	fare un picnic?
Perchè		scuola?
Con chi		

3.

Di solito		a scuola.
Generalmente	vado	in classe.
Spesso		in città.

10 Mi piace la musica

I. In Section One of the Unit, you will practice talking about your likes and dislikes. You will also discuss the things that interest you and don't interest you.

A. Read the following selection, and then answer the questions.

Eccolo! Gianni arriva a scuola portando i libri sotto il braccio. Oggi è di cattivo umore. Due ragazze, una bruna ed una bionda, passano e sorridono. Gianni va verso l'armadietto di metallo, apre lo sportello, mette via i libri, chiude lo sportello e dà un pugno sul muro. Un amico di Gianni arriva.

AMICO   Ma che sei scemo!

GIANNI   Zitto! Sono arrabbiato.

AMICO   Dimmi! È da diversi giorni che sei strano.

GIANNI   Mi piace venire a scuola; mi piace il rapporto che ho con i professori ma ...

AMICO   Non ti piace il professore di scienze. Non ti interessa la matematica ...

GIANNI   Non so ... Non sono me stesso. Non riesco più a fare niente.

AMICO   Da quando non riesci più a studiare?

GIANNI   È da un mese più o meno.

AMICO   Se non studi ... a che ti dedichi durante la settimana?

GIANNI   Allo sport. Vado a vedere tutte le partite di baseball.

AMICO   E perchè lo fai? Ti interessa molto?

GIANNI   Mi piace fare lo sport. Questo mi permette di sviluppare il fisico, la mente e ...

Mentre i due amici parlano, la bionda e la bruna passano una seconda volta. «Mi piacciono», mormora Gianni, «Mi piacciono i capelli lunghi della bionda. Mi piace il suo sorriso. E che ragazza! È anche un fenomeno in matematica!» Le ragazze vengono vicino e sorridono dicendo «Che fusto!»
   Gianni vuole dire qualcosa, vuole rispondere ... ma il cuore batte forte ed egli non è capace di dire niente.

Domande

1. Chi è di cattivo umore oggi?
2. Dove mette i libri Gianni?
3. Che cosa fa quando chiude lo sportello?
4. È arrabbiato Gianni?
5. Che cosa non riesce più a fare Gianni?
6. Da quando non riesce più a studiare?
7. Che cosa fa durante la settimana?
8. Quali partite va a vedere?
9. Che cosa dicono le ragazze sorridendo?
10. Gianni è capace di dire qualcosa?
11. Qual è un buon titolo per questa storia?

Domande personali

12. È lei un tipo timido?
13. Ha lei la ragazza/il ragazzo?
14. È lei capace di parlare con le ragazze/i ragazzi?

Parole utili

armadietto di metallo, l'	metal cabinet	**muro, il**	wall
battere	to beat	**portando**	carrying
dedicarsi	to devote oneself	**riuscire a**	to be able to
essere arrabbiato/a	to be angry	**scemo, lo**	stupid
frustrazione, la	frustration	**sorridere**	to smile
fusto, il	he-man, hunk	**sportello, lo**	door
mettere via	to put away	**timidezza, la**	shyness
mormorare	to mumble		

Espressioni utili

È da diversi giorni che sei strano.	You have been acting strangely for the past few days.
È di cattivo umore.	He's/She's in a bad mood.
È un fenomeno in matematica.	He/She is an excellent student in mathematics.
una seconda volta	again

B. Read the profile of Alessandra Belloni, a young aspiring actress, and the interview that follows.

Alessandra Belloni

Alessandra è una giovane studentessa. È anche attrice, cantante e ballerina. Fa parte del gruppo «I Giullari di Piazza» e recita in varie parti degli Stati Uniti. Lei porta sulle piazze, nelle scuole ed università americane, piacevoli e divertenti commedie musicali in lingua italiana. Quando canta o balla, Alessandra suona il tamburello. A lei piace viaggiare e parlare con la gente.

TOPIC   Activities, interests
SITUATION   Interaction with interviewer
PURPOSE   To discuss things of interest

INTERVISTATORE Come si chiama?

ALESSANDRA Mi chiamo Alessandra Belloni.

INTERVISTATORE Da quando recita?

ALESSANDRA Da cinque o sei anni. Ora faccio parte del gruppo «I Giullari di Piazza».

INTERVISTATORE Perchè lo fa?

ALESSANDRA Mi piace il contatto con il pubblico.

INTERVISTATORE Lavora anche alla radio italiana?

ALESSANDRA Sì, qualche volta. Questo mi permette di portare nelle case americane il suono della bella lingua italiana.

INTERVISTATORE Che cosa fa durante la settimana?

INTERVISTATORE Studio.

INTERVISTATORE Che cosa le interessa fare nel futuro?

ALESSANDRA Mi interessa diventare un'attrice famosa.

INTERVISTATORE Ha altri interessi?

ALESSANDRA Certamente. Mi piace la musica e mi interessa lo sport.

INTERVISTATORE Qual è il suo sport preferito?

ALESSANDRA È il tennis.

Domande

1. Chi è Alessandra Belloni?
2. Che lavoro fa?
3. Con quale gruppo recita Alessandra?
4. Perchè lavora alla radio italiana?
5. Che cosa fa durante la settimana?
6. Ad Alessandra, che cosa interessa fare nel futuro?
7. Quali altri interessi ha Alessandra?
8. Qual è il suo sport preferito?

Parole utili

interesse, l' (*m*)	interest
permettere di	to allow to
presentatore, il	(radio/TV) announcer
recitare	to recite, to act
sentimento, il	feelings

Espressioni utili

ad ore	part-time
con sede a	with headquarters in, with an office in

C. Answer the questions below about your own likes, dislikes, and interests. Use phrases like those that follow.

(Non) Mi piace...	la musica.	andare a cinema.
(Non) Mi interessa...	lo studio.	fare il medico.
	il professore.	giocare a tennis.
	l'attore.	viaggiare.
	l'infermiera.	

(Non) Mi piacciono...	le gite ai musei.	i lavori intellettuali.
(Non) mi interessano...	le macchine sportive.	i lavori manuali.
	i ragazzi/le ragazze.	

1. Ti interessa la scuola?
2. Ti piace andare al cinema?
3. Quali film ti piacciono?
4. Ti interessa la lettura?
5. Che genere di musica ti piace?
6. Ti interessano le ragazze/i ragazzi?
7. Quale sport ti piace?
8. Che cosa ti piace fare nel tempo libero?
9. Che cosa le interessa fare nel futuro?

D. Read about Jovin Lombardo, a young doctor.

	I Gusti Personali di un Giovane Medico
Cucina	Mi piace la cucina italiana. Preferisco il risotto alla milanese.
Hobby	Mi interessa molto il podismo.
Lettura	Mi piace leggere Pirandello.
Musica	Mi interessa la musica classica. Mi piace ascoltare Luciano Pavarotti.
Pittura	Mi interessano Amedeo Modigliani e Giorgio De Chirico. Mi piacciono i volti di donna del Modigliani e «Il Trovatore» del De Chirico.
Sport	Mi interessano l'automobilismo ed il ciclismo.
Vestiti	Mi piacciono i vestiti tradizionali anche se qualche volta porto bluejeans e scarpe da tennis.

Domande
1. Quale cucina piace al medico?
2. Ha un hobby preferito?
3. Che cosa legge?
4. Che genere di musica gli interessa?
5. Quali pittori gli piacciono?
6. Quali sport gli interessano?
7. Quali vestiti gli piace portare?

Domande personali

8. Le piace la cucina italiana?
9. Le piace leggere o guardare la televisione?
10. Che musica le interessa?
11. Come le piace vestire?

Parole utili

automobilismo, l' (*m*)	car racing	**podismo, il**	walking
ciclismo, il	cycling	**preferire**	to prefer
gusto, il	taste	**volto, il**	face

E. You are vacationing in Italy. You are on the beach talking with an Italian friend.

TOPIC   Communication and transportation
SITUATION   Informal conversation with a friend
PURPOSE   To express likes and dislikes

AMICO Vieni spesso in Italia?

TU *(Respond affirmatively.)*

AMICO Perchè?

AMICO *(Say that you like the country a lot.)*

AMICO Che cosa ti interessa in Italia?

TU *(Indicate what interests you.)*

AMICO Usi il treno per viaggiare?

TU *(Agree, but indicate that there is a problem with the trains.)*

AMICO Oh, capisco! Non ti piacciono gli scioperi a singhiozzo.

TU *(Say that there are other things in Italy you don't like.)*

AMICO Lo so. Ed i telefoni?

TU *(Agree and say that you don't like to wait a long time to make a phone call.)*

AMICO Ma allora l'Italia non ti piace!

TU *(Answer that you like the music, the food, and the people.)*

Parole utili

sciopero a singhiozzo, lo	wildcat strikes
telefonata, la	phone call

Espressioni utili

C'è qualche cosa che non va.	Something doesn't work well.
D'accordo!	Agreed!

F. A couple is shopping.

TOPIC	Shopping
SITUATION	Discussion with a friend
PURPOSE	To express personal feelings about your likes and dislikes

LEI Ti piace? Mi sta bene il vestito?

LUI No, non mi piace.

LEI Perchè?

LUI Non mi piace il vestito.

LEI Ma caro, è all'ultima moda!

LUI Non m'interessa la moda.

LEI Allora prendo i bluejeans verdi.

LUI No, non mi piacciono. Ti stanno troppo stretti.

LEI Su, caro...fammi contenta!

LUI Eh, voi donne la sapete lunga! Caro qua, caro là! Non so. Prendi quello che vuoi. È questione di gusti ed io sono stufo di aspettare.

Parole utili

    caro/a   dear

Espressioni utili

È all'ultima moda.	It's the latest fashion.
essere stufo/a di	to be tired (*or* sick) of
Fammi contenta.	Make me happy.
La sapete lunga.	You know it all.
Non tutti i gusti sono uguali.	Not everybody has the same taste.
Ti stanno stretti.	They fit you tightly.

II. In Section Two of this Unit, you will practice asking about and giving opinions.

A. A well-known national magazine conducted an opinion poll among citizens of several Italian cities. Here are some views on what they foresee for the coming year.

1. Gino Quattrocchi, 32 anni, pittore.

Ho un quadro chiaro del futuro di questa nazione. Non ci sono più le tinte scure della disoccupazione, ma vedo la luce di un futuro pieno di benessere per tutti. I colori vivi indicano che ci può essere fratellanza fra gli esseri umani.

Parole utili

benessere, il	prosperity	**pittore, il/pittrice, la**	painter
chiaro/a	clear	**pieno/a di**	filled with
disoccupazione, la	unemployment	**quadro, il**	picture
fratellanza, la	brotherhood	**scuro/a**	dark
luce, la	light	**tinta, la**	color

2. Emilia Cucchiara, casalinga, 33 anni.

Ho ancora qualche problema quando vado a fare la spesa. Vedo però che i prezzi non aumentano più come prima. Ho fiducia nell'economia del nostro paese e sono decisamente ottimista.

Parole utili

aumentare	to rise, to increase	**decisamente**	definitely
casalinga, la	housewife	**prezzo, il**	price
(*pl* **le casalinghe**)			

Espressioni utili
avere fiducia   to trust

3. Domenico Tesoriero, 29 anni, ragioniere.

Nonostante gli alti e bassi dell'economia penso che noi possiamo ancora realizzare «il sogno americano» del benessere. Tutti possono guadagnare di più, risparmiare di più e raggiungere un livello di vita migliore avendo un impiego e potendo comprare una casa, la macchina e molte altre cose.

Parole utili

avendo	by having
livello, il	level
nonostante	in spite of
potendo	by being able to
raggiungere	to reach
ragioniere, il/ragioniera, la	accountant, bookkeeper
risparmiare	to save

4. Giuseppe Sapienza, professore, 40 anni.

La vita cambia e i bisogni cambiano. La tecnica moderna fa piccolo il mondo. Abbiamo bisogno di cambiare attitudine e di cercare di capire gli altri. È importante essere buoni lavoratori, buoni padri e buoni figli per essere buoni cittadini. Bisogna lavorare, essere responsabili sul lavoro e produrre prodotti migliori per poter competere sul mercato mondiale.

Parole utili

cercare di	to try to
competere	to compete
lavoratore, il/lavoratrice, la	worker
mercato, il	market
produrre	to produce

5. Antonio Speranza, studente, 17 anni.

Noi giovani vogliamo pace e lavoro. Abbiamo bisogno di guida e di assistenza per poter meglio capire i problemi che tormentano noi giovani. La vita è bella e noi abbiamo tanti sogni.

Parole utili

guida, la	guidance
sogno, il	dream

Domande

1. È pessimista il pittore Quattrocchi?
2. Secondo il pittore che cosa ci può essere fra gli uomini?
3. È ottimista Emilia Cucchiara?
4. In che cosa ha fiducia Emilia?
5. Che cosa pensa di poter ancora realizzare il signor Tesoriero?
6. Come possono tutti comprare una casa o una macchina?
7. Che cosa abbiamo bisogno di cambiare secondo il professor Sapienza?
8. Perchè è importante essere buoni lavoratori, buoni padri e buoni figli?
9. Che cosa vogliono i giovani secondo Antonio Speranza?
10. Di che cosa hanno bisogno i giovani?

B. Complete the following dialogue. You may use the expressions below to state your opinions.

Parole utili

campagna	advertising	**istruire**	to educate
pubblicitaria, la	campaign	**organizzare**	to organize
gente, la	people	**risoluzione, la**	solution

Espressioni utili

(Non) penso	**difficile**...	I (don't) think	difficult to...
che sarà	**facile**...	it will be	easy to...
(Non) credo	**impossibile**...		impossible to...
che sarà	**necessario**...		necessary to...
	possibile...		possible to...
	semplice...		simple to...

Vedo che...	I see that...	
Sono convinto che c'è...	I am convinced that	there is...
ci sono...		there are...

(Non) sono d'accordo con	**lui.**	I (don't) agree with	him.
	lei.		him/her/you.
	te.		you (friendly).

Intervista

TOPIC	Current events
SITUATION	Informal conversation with the mayor of your city
PURPOSE	To express personal feelings about facts

IL SINDACO Ci sono molti graffiti in questa città. Che cosa debbo fare? Qual è la sua opinione?

TU *(Agree and say that you believe that it's necessary to organize a campaign to educate people.)*

IL SINDACO La popolazione aumenta e non ci sono appartamenti per tutti, ma tutti vogliono abitare qui. Che ne pensa lei?

TU *(Say that you don't know and tell him/her that you don't believe it will be easy to find a solution.)*

IL SINDACO Bisogna costruire... fare qualcosa subito.

TU *(Indicate to him/her that you see that there aren't too many parks in the city.)*

IL SINDACO Vuole fare il sindaco per un giorno?

TU *(Say that you don't want to because you are convinced that there are too many problems.)*

C. Situations: Give an appropriate response for each of the following situations.

1. Un signore: «Ti interessa la cultura italiana?»

   TU: _____

2. Al ristorante il cameriere chiede: «Le piace il vino bianco o il vino rosso?»

   TU: _____

3. Tuo padre ti chiede: «Che cosa t'interessa fare da grande?»

   TU: _____

4. Il professore ti chiede: «Quali scrittori moderni ti interessano?»

   TU: _____

5. Un amico ti chiede: «Ti piacciono i film di avventure?»

   TU: _____

6. Un signore dice di essere convinto che è difficile fare il sindaco.

   TU: _____

7. Il professore ti chiede qual è la tua opinione sullo studio delle lingue straniere.

   TU: _____

D. Writing Tasks

PART A—LISTS: For each of the four topics below, write a list of four items in Italian.

1. You are falling in love with a young man/woman in your school. In Italian, list four reasons why you like him/her.

2. Your school newspaper is conducting an opinion poll about people's projects for the coming year. In Italian, write a list of four things you would like to do next year.

3. The mayor of your city is going to speak at your school. You were selected to ask questions on behalf of your classmates. In Italian, list four questions you would like to ask.

4. You are visiting your friend's hometown. In Italian, list four things you would like to see there and why.

PART B—NOTES: Write a note of three sentences for each of the two tasks below.

1. You were scheduled to be interviewed by your local Italian radio network. You will not be able to be in town. In Italian, send a note explaining your own likes and dislikes.

2. You are vacationing in Italy. In Italian, write your friend a note and explain what you dislike there.

Riepilogando

1. Talking about your likes and dislikes:

Le piace lo sport?
    Sì, mi piace.

Le piacciono le macchine sportive?
    Sì, mi piacciono.

Che cosa le piace fare il weekend?
    Mi piace andare in città.

2. Discussing your interests:

Le interessa lo studio?
    Sì, mi interessa.

Quali film le interessano?
    Mi interessano i film di avventure.

Che cosa le interessa fare nel futuro?
    Mi interessa fare il medico.

3. Expressing opinions:

Qual è la sua opinione su questa città?
    Penso che è bellissima.

4. **Espressioni utili:**
   C'è qualche cosa che non va.   Something doesn't work well.
   Che cosa debbo fare?   What shall I do?, What am I supposed to do?

   D'accordo!   Agreed!
   Da quando recita?   Since when are you into acting?
   È all'ultima moda.   It's the latest fashion.

È da diversi giorni che sei strano.	You have been acting strangely for the past few days.
È di cattivo umore.	He's/She's in a bad mood.
È questione di gusti.	It's a matter of taste.
È un fenomeno in matematica.	He/She is an excellent math student.
Fammi contenta.	Make me happy.
La sapete lunga.	You know it all.
Ma che sei scemo!	Are you crazy!
Non è capace di dire niente.	He is not able to say anything.
Non riesco più a fare niente.	I can't do anything anymore.
Non tutti i gusti sono uguali.	Not everybody has the same taste.

Specchio Riassuntivo

1.

(Non)	mi ti le	piace interessa	la matematica. venire a scuola.
		piacciono interessano	le ragazze. la musica e lo sport.

2.

Qual è la sua opinione? Che ne pensa lei?

3.

(Non)	credo penso vedo sono convinto/a	che	sarà difficile trovare una soluzione.

11 Perchè sei tornato? Che farai?

I. In Section One of this Unit, you will practice talking about actions and activities that have occurred recently or that are taking place while somebody is talking.

A. Read the following selection, and then answer the questions.

Ma come puoi diventare ricco?

Durante la notte Aniello Cortese non ha dormito. Non ha chiuso occhio tutta la notte. A mezzanotte in punto prima ha sentito un rumore e poi ha incominciato a vedere qualcosa nella sua stanza. Una luce strana ha illuminato la tendina della finestra e piano piano questa ha dato forma ad una figura umana. Ha anche sentito una voce misteriosa.

«Hai giocato al lotto?»

«Chi sei?»

«Non mi hai ancora riconosciuto?»

«No, vattene!»

«Sono nonno Pacifico. Sono lo spirito del nonno e sono tornato per . . .»

«Perchè sei tornato? Mi hai fatto paura! Vattene!»

«Ecco. Ti ho portato un regalo. Prendi questo biglietto e domani mattina alle nove va al botteghino del lotto.»

Stupìto, Aniello, ha aspettato un momento, poi ha acceso la luce, e che cosa ha visto? Un biglietto?

Sì, ha trovato un vecchio biglietto ai piedi del letto. Guardatelo!

_____ febbraio

_____ ottobre

_____ Buon Anno!

_____ luglio

_____ dicembre

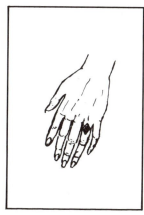

Aniello ha fatto come ha detto il nonno. La mattina alle nove è andato a giocare al lotto. E sapete che numeri ha giocato? Chissà se i sogni portano fortuna! Speriamo, speriamo!

Domande

1. Aniello Cortese non ha dormito perchè non ha chiuso la finestra?
2. Che cosa ha sentito a mezzanotte?
3. A che cosa ha dato forma la luce?
4. La voce misteriosa ha chiesto se ha giocato al lotto?
5. Ha Aniello Cortese riconosciuto lo spirito del nonno?
6. Perchè è tornato il nonno?
7. Che cosa ha visto Aniello quando ha acceso la luce?
8. Dove è andato Aniello la mattina alle nove?
9. Quali numeri ha giocato?

Parole utili

biglietto, il	note
botteghino, il	lottery betting shop
illuminare	to light up
riconoscere	to recognize
stupìto/a	astonished, amazed
tendina, la	curtain

Espressioni utili

dare forma	to give shape
Guardatelo!	Look at it!
Ha acceso la luce.	He/She has turned the light on.
ha chiuso	has closed
va	go
Vattene!	Get out of here!

B. Read the following dialogue, and then answer the questions.

TOPIC   Education: School life
SITUATION   Interaction with adults in face-to-face communication
PURPOSE   To express personal feelings about school matters

IL PROFESSORE Dove sei stato?

LO STUDENTE Mi ha chiamato il mio consigliere scolastico.

IL PROFESSORE Ma questo semestre ti ha chiamato sempre durante la mia lezione... almeno due volte ogni settimana. Come mai?

LO STUDENTE Abbiamo dovuto discutere il programma per il prossimo semestre.

IL PROFESSORE E che programma hai scelto?

LO STUDENTE Caro professore, ho avuto un'idea fantastica! Ho deciso di eliminare la sua classe.

IL PROFESSORE Ah, sì! E chi ti ha dato il permesso di tornare in classe adesso?

LO STUDENTE Professore, ma lei non mi ha capito. Io non ho spiegato il perchè. Io ho avuto le mie buone ragioni!

IL PROFESSORE Ho capito, ho capito! È stato il 55 dell'ultimo esame. Bisogna studiare; bisogna lavorare nella mia classe, nevvero?

LO STUDENTE Ma professore, io... per piacere!

Domande

1. Chi sono i personaggi del dialogo?
2. Chi ha chiamato lo studente?
3. Che cosa hanno dovuto discutere?
4. Perchè ha avuto un'idea fantastica?
5. Qualcuno ha dato allo studente il permesso di tornare in classe?
6. Secondo lo studente, il professore ha capito le sue buone ragioni?
7. Secondo il professore, perchè lo studente ha deciso di eliminare la sua classe?
8. Che cosa bisogna fare nella classe del professore?

Domande personali

9. Quando ha parlato lei con il suo consigliere scolastico?
10. Ha dicusso il suo programma per il prossimo semestre?
11. Che programma ha scelto?

Parole utili

almeno	at least
consigliere, il/consigliera, la	guidance counselor
ragione, la	reason
spiegare	to explain
ultimo/a	last

Espressioni utili

Come mai?	How come?	**Ho capito.**	I have understood.
Hai scelto?	Have you chosen?	**Ho deciso.**	I have decided.

C. Do you believe in dreams? Read the following letters written to a person who interprets dreams.

Hai letto il libro dei sogni della Maga Maria? Molti hanno scritto alla maga perchè hanno fatto dei sogni strani.

1. Ho 16 anni. Ho sognato di camminare in una foresta tropicale. Ho perduto il senso della direzione e, stanco, sono caduto sopra le foglie di un albero. Il cuore ha incominciato a battere forte. Ho chiuso gli occhi e, (mamma mia!) i pesci piranha sono venuti tutti vicino a me ma non mi hanno fatto niente. Che cosa significa tutto questo?

Parole utili

foglia, la	leaf
maga, la (*pl* **le maghe**)	fortune-teller
pesce, il	fish
senso della direzione, il	sense of direction
sognare	to dream

Espressioni utili

battere forte	to beat fast	**ho letto**	I have read
ho chiuso	I have closed	**ho perduto**	I have lost
ho fatto	I have done	**ho scritto**	I have written

2. Sono una ragazza timida. Ho avuto sempre paura di tutto e di tutti. A mezzanotte in punto ho sentito il rumore delle «macchinette» del casinò. Sono scesa dal letto e camminando come una sonnambula sono andata anch'io nella sala-giochi. Ho abbassato la leva e i dollari, tanti...tanti dollari!, sono venuti fuori. Io ho preso i dollari e li ho messi in un sacco senza fondo. La gente vicino a me ha incominciato a ridere...e...ridere. Sto per diventare ricca?

Parole utili

diventare	to become	**ridere**	to laugh
fondo, il	bottom	**sacco, il**	sack
leva, la	lever	**sonnambulo, il**	
macchinette, le	little machines	(*f* **la sonnambula**)	sleepwalker

Espressioni utili

camminando	walking
ho avuto paura di	I have been afraid of
Sono sceso/a dal letto.	I got off the bed.
Sto per...?	Am I about to...?
Sto per diventare ricco/a?	Am I going to become rich?

3. Sono una ragazza solitaria. Ho forse bisogno di aiuto? Ho sognato di essere una vecchia strega, perchè tutti mi evitano. Nel mio sogno, ho fatto il giro della città volando sulla mia vecchia scopa e gridando parole incomprensibili. Nel mio sogno, sono entrata nell'ufficio del Dr. Pellecchia, uno specialista in dermatologia. Egli mi ha afferrata, mi ha messa sul tavolo operatorio e ha incominciato a lavorare col bisturi. Quando mi sono alzata, guardandomi allo specchio, ho scoperto di essere un'altra!

Parole utili

afferrare	to grab
bisturi, il	scalpel
dermatologia, la	dermatology
incomprensibile	incomprehensible
scopa, la	broom
strega, la	witch
tavolo operatorio, il	operating table

Espressioni utili

fare il giro	to tour
guardandomi allo specchio...	looking at myself in the mirror...
Mi ha messo...	He put me...

4. Sono un padre di famiglia. Ho cinque figli, una bella moglie...ma sono disoccupato. Nel mio sogno ho parcheggiato la macchina vicino ad una pizzeria. Sono entrato. Ho mandato giù un boccone e sono uscito subito fuori...Ma davanti a me ho visto un vecchio con la barba bianca e gli abiti sporchi. Egli ha allungato la mano come per chiedere l'elemosina e invece ha detto parole incomprensibili.

Parole utili

allungare	to stretch out	**invece**	instead
barba, la	beard	**parcheggiare**	to park
disoccupato/a	unemployed	**sporco/a**	dirty
		(*pl* **sporchi/sporche**)	

Espressioni utili

chiedere l'elemosina	to beg
ho mandato giù	I (have) swallowed
ho visto	I have seen

5. Ho quasi 18 anni. Sono un giovane timido. Sono stato sempre un sognatore. Ho sempre avuto la passione per i voli spaziali. Forse sono un illuso.
Non ho mai imparato a guidare neppure la macchina. Nel mio sogno ho
pilotato la nave spaziale fino ai confini del mondo. Ho avuto una paura
matta. Ho guardato attorno e non ho potuto vedere anima viva.

Parole utili

confine, il	boundary, frontier
illuso, l' (*m*)	daydreamer
neppure	not even
pilotare	to pilot
sognatore, il/sognatrice, la	dreamer
timido/a	shy, timid

Espressioni utili

ho avuto	I have had
Ho avuto una paura matta.	I have been scared to death.

Domande

1. a. Quanti anni ha il ragazzo?
   b. Che cosa ha sognato?
   c. Ha egli perduto il senso del tatto?
   d. Dove è caduto?
   e. Quando ha chiuso gli occhi, chi è venuto vicino?

2. a. Che tipo è la ragazza?
   b. Che cosa ha sentito a mezzanotte in punto?
   c. Dove è andata?
   d. Quando ha abbassato la leva che cosa è venuto fuori?
   e. Che cosa ha fatto con i dollari?

3. a. Chi ha sognato di essere questa ragazza?
   b. Come ha fatto il giro della città?
   c. Dove è entrata?
   d. Che cosa ha fatto il dottore?
   e. Ha scoperto di essere un'altra guardandosi allo specchio?

4. a. Dove è andato il padre di famiglia dopo aver parcheggiato la macchina?
   b. Che cosa ha fatto?
   c. Chi ha incontrato fuori?
   d. Ha fatto qualcosa il vecchio?
   e. Ha detto niente?

5. a. Quanti anni ha il giovane?
   b. Che tipo è?
   c. Sa egli guidare la macchina?
   d. Dove ha pilotato la nave spaziale?
   e. Perchè ha avuto una paura matta?

D. You are a student in Rome, Italy. Your roommate is asking what you did in the afternoon, and you tell him/her about the movie you have seen. Look at the chart below and complete the dialogue. Use the past perfect in your responses.

Oggi al cinema
Prime visioni
ADMIRAL p.zza Verbano, 5　　　　L. 7.000 Tel. 851195　　　　(16.30-22.30) IL NOME DELLA VIOLA di Franco Fiori; con Attilio Erba con S. Connery (dramm.)
CAPRANICA p.zza Capranica, 101　　　　L. 7.000 Tel. 6792465　　　　(17-22.30) TI ASPETTO A MEZZANOTTE CIRCA di Nicola Nerone; con Salvatore Sinistri

---

GIARDINO
p.zza Vulture (M.Sacro)   L. 5.000
Tel. 894946   (16-22.30)
IL COMMISSARIO LO GATTO di Dini Risi; con L. Banfi, I.
Russinova, M. Ferrini, M. Micheli

PARIS
Via Magna Grecia, 112   L. 7.000
Tel. 7596568   (15.45-22.30)
SETTE CHILI IN SETTE GIORNI di L. Verdone; con C. Verdone
e R. Pozzetto (brill.)

TOPIC   Leisure time
SITUATION   Informal conversation with peers
PURPOSE   To express personal feelings about a movie

AMICO/A Che cosa avete fatto questo pomeriggio?

TU *(Say that you and a friend have gone to the movies.)*

AMICO/A A quale cinema siete andati?

TU *(Tell where you have gone.)*

AMICO/A E che film avete visto?

TU *(Name the movie you have seen.)*

AMICO/A È in prima visione?

TU *(Agree.)*

AMICO/A Ti è piaciuto?

TU *(Agree and tell why.)*

Parole utili

prime visioni, i	first-run movies
pomeriggio, il	afternoon
recentemente	recently

Espressioni utili

Ci ha fatto ridere.   (It) made us laugh.

E. Answer these questions about yourself.

1. Che cosa ha fatto questo pomeriggio?
2. Recentemente, ha visto un film alla televisione o è andato/a a cinema?
3. Ha visto un film americano?
4. Se è andato/a a cinema, quanto ha pagato per il biglietto?
5. A che ora è incominciato il film?
6. Le è piaciuto il film? Perchè?

F. Study these questions.

1. Hai mai visitato un quartiere italiano nella tua città?
2. Hai mai visitato l'Italia?
3. Sei mai andato/a in un paese straniero?
4. Hai imparato già l'italiano?
5. Hai mai lavorato?
6. Sei mai andato/a in vacanza da solo/a?
7. Dove hai deciso di andare in vacanza quest'estate?

Now match each answer below with the appropriate question above.

a. Sì, ho già visitato l'Italia.
b. Sì, qualche volta sono andato/a da solo/a.
c. Sì, ho già deciso di andare in Canada.
d. Sì, ho già lavorato in un supermercato.
e. No, non ho mai visitato un quartiere italiano.
f. Sì, ma non ho mai letto un poeta italiano.
g. No, non sono mai andato/a all'estero.

G. Read the dialogue, and then answer the questions. Valentino has not shown up for his date with his girlfriend Adriana. Adriana telephones Valentino.

TOPIC   Special occasion
SITUATION To interact with friends
PURPOSE   To express personal feelings about "love"

ADRIANA Ciao! Che cosa stai facendo?

VALENTINO Sto studiando.

ADRIANA È da mezz'ora che ti aspetto.

VALENTINO Scusami, Adriana... Sto leggendo il giornale.

ADRIANA Ma allora non mi vuoi bene?

VALENTINO Che cosa hai detto? Non ti sento bene. La cameriera sta aprendo la porta e sta facendo rumore.

ADRIANA C'è qualcosa che sta cambiando fra noi.

VALENTINO Adriana!... Mi sto innamorando della mia vecchia ragazza!

ADRIANA Impossibile!

VALENTINO «Quando l'amor trabocca Cupido accorre e la freccia scocca!»

ADRIANA Ma che cosa stai dicendo? Non ti capisco più!

Domande

1. Chi sono i personaggi del dialogo?
2. Che cosa sta facendo Valentino?
3. Da quando sta aspettando Adriana?
4. Valentino sta leggendo un libro?
5. Perchè la cameriera sta facendo rumore?
6. C'è qualcosa che sta cambiando fra Adriana e Valentino?
7. Qual è il problema di Valentino?

Parole utili

accorrere	to rush, to hasten
cambiare	to change
cameriera, la	maid
freccia, la (*pl* **le frecce**)	arrow
innamorarsi	to fall in love
scoccare	to shoot (arrows)
traboccare	to overflow

Espressioni utili

È da mezz'ora che ti aspetto.	I have been waiting for you for half an hour.
fare rumore	to make noise
la mia vecchia ragazza	my former girlfriend
Non ti sento bene.	I can't hear you well.
Sto pulendo la camera.	I'm cleaning the room.

H. Now complete the following dialogue.

IL PROFESSORE Che cosa sta facendo?

TU *(Say that you are reading.)*

IL PROFESSORE Ma lei non sta partecipando alla lezione!

TU *(Say that you are studying for the math exam.)*

IL PROFESSORE Ma la smetta! Lei sta ascoltando la radio.

TU *(Apologize.)*

IL PROFESSORE È da più di mezz'ora che lei non sta seguendo.

TU *(Say that it isn't true.)*

IL PROFESSORE Silenzio! Mi sta annoiando!

TU *(Apologize again.)*

Parole utili
  annoiare   to annoy
  seguire   to follow

Espressioni utili
  Ma la smetta!   Stop it!

II. In Section Two of this Unit, you will practice asking and answering questions about plans for the future.

A. Get together with another student to make up and act out dialogues similar to the one below. You may either refer to the pictures below or use your own ideas.

ANTONIO Che cosa fai stasera?
ELENA Rosa ed io andremo al cinema. E tu che farai?
ANTONIO Andrò al dancing.

B. Caterina and Gianni are going to the late show at the *Teatro Valle*. Look at the announcement below and then answer the questions, following the model.

Model: Che cosa farete stasera?
Andremo al teatro.

TEATRO DEL BUONTEMPONE
Tel. 654.37.94

Ogni giorno due spettacoli: ore 16.30 - 21.00
in persona
Carlo Poveruomo presenta

LINA   VITTORIO
ZECCA   La LIRA
in
"A che servono questi soldi?"
di Antonio Panciapiena

Domande
1. A quale teatro andrete?
2. Quale spettacolo andrete a vedere?
3. A che ora andrete?
4. Chi presenterà lo spettacolo?
5. Quanti spettacoli daranno ogni giorno?

C. Will students on the planet of the apes be able to pass the course? Find out in this reading passage.*

—Oggi non farò proprio niente. Non aprirò bocca.—, dice fra se la scimmietta Bisbetica entrando in aula.
—Che farai oggi in classe?—, chiede sottovoce al vicino di banco.
—Io leggerò il libro sotto il naso del professor Citrulli—, risponde il compagno Pecorone.
—E tu, Menteottusa, che farai?—
—Io presterò attenzione.—
—Che cosa farà Capatosta?—
—Parlerà sempre a bassa voce: «Professore c'è uno sbaglio, ih!, ih!, ih!. Professore c'è uno sbaglio alla lavagna!»

Lì, sulla destra, i cugini Salame, Peperone e Baccalà fischieranno come al solito. Sulla sinistra Broccoli, Cetrioli e Rapa useranno i banchi come tamburi e faranno sempre chiasso. Le ragazze ed i ragazzi gireranno fra i banchi in barba al professore. Come al solito il signor Citrulli cercherà di spiegare la lezione e mostrerà il suo quaderno con il piano della lezione. E . . . «Zitti, per piacere!», griderà. «Di questo passo non so dove andremo a finire!». Le ragazze sbadiglieranno annoiate ed i ragazzi non ascolteranno neppure una parola.

Qualcuno aprirà la porta per guardare nel corridoio e un altro legherà Dormiglione alla tendina della finestra. Molti cambieranno posto ed il solito Rompiscatole griderà: «Chiacchierone, smettila!».

Ma la classe diventerà subito silenziosa ed attenta quando suonerà la campana e . . . Arrivederci a domani! Il professore sorriderà mostrando una chiostra di denti perfetti e dirà: «Che studenti! Saranno tutti dei geni!»

Domande

1. Aprirà bocca in classe la scimmietta Bisbetica?
2. Chi leggerà il libro sotto il naso del professor Citrulli?
3. Che cosa farà Menteottusa?
4. Quali studenti fischieranno?
5. Dove gireranno i ragazzi e le ragazze?
6. Perchè il professore dice «Di questo passo no so dove andremo a finire?»
7. Che cosa farà Rompiscatole?
8. Quando diventerà silenziosa la classe del professore Citrulli?
9. Secondo il professor Citrulli, che saranno tutti gli studenti?

Parole utili

campana, la	bell	**gridare**	to shout
chiedere	to ask	**leggere**	to read
chiostra di denti, la	set of teeth	**rispondere**	to answer
compagno, il	classmate	**scimmia, la**	monkey, ape
(*f* **la compagna**)		**sbadigliare**	to yawn
fischiare	to whistle	**suonare**	to ring
girare	to turn	**tamburo, il**	drum

Espressioni utili

andare a finire	to wind up
Che cosa farai?	What will you do?
di questo passo	at this rate
fare chiasso	to make noise
in barba al professore	in spite of
Non aprirò bocca!	I will not open my mouth!
parlare a bassa voce	to speak softly
prestare attenzione	to pay attention
Saranno tutti dei geni!	They will be all geniuses!

Smettila!	Stop it!
sulla destra	on the left
sulla sinistra	on the right

*The names in this reading give an idea of the rich variety of insult words available to Italian-speakers. *Citrulli, Pecorone, Menteottusa, Salame, Broccoli, Peperone, Cetrioli*, and *Rapa* all express the idea of "fool," while *Bisbetica* means "odd," *Capatosta*, "egghead," *Chiacchierone*, "loudmouth," *Dormiglione*, "sleepyhead," and *Rompiscatole*, "pain in the neck."

D. Il signor Caproni è un uomo d'affari milanese. Egli lavora molto. La segretaria ha preparato il suo programma di lavoro del giorno.

Orario	**Programma del Giorno**
9.30	Partecipare alla riunione del Direttivo.
10.30	Ricevere il Signor Coda che viene da Torino.
12.00	Andare al ristorante La Forchetta per la colazione in piedi.
13.30	Incontrare la rappresentanza di Toronto.
14.15	Telefonare al Consolato Americano.
15.00	Conferire con l'assistente manager.
16.30	Fare dello sport in palestra.
19.00	Cenare e accompagnare al Teatro La Scala il gruppo australiano.

Answer these questions. Follow the model.

Model: Che cosa farà alle 9.30 il Signor Caproni?
Parteciperà alla riunione del Direttivo.

Domande
1. Chi riceverà alle 10.30?
2. Dove andrà alle 12.00?
3. Perchè andrà al ristorante La Forchetta?
4. A che ora incontrerà la rappresentanza di Toronto?
5. A quale Consolato telefonerà?
6. Che cosa farà con l'assistente manager?
7. Perchè andrà in palestra?
8. A che ora cenerà?
9. Dove accompagnerà il gruppo australiano?

E. Complete the following dialogue. Pretend that you are the president of a firm being interviewed about his/her daily activities.

INTERVISTATORE Che cosa farà alle 9.30?

TU *(Say that you'll meet a businessman from Japan.)*

INTERVISTATORE Parteciperà a qualche riunione speciale prima di mezzogiorno?

TU *(Indicate type of meeting.)*

INTERVISTATORE Dove andrà per il pranzo?

TU *(Tell where and name the place.)*

INTERVISTATORE Farà delle telefonate?

TU *(Agree and indicate that you will call the manager of a firm in California.)*

INTERVISTATORE Farà del podismo?

TU *(Indicate that you will play tennis.)*

F. Talk with other students in your class. Discuss your plans for the weekend. Follow the model and begin your answers with one of the following phrases.

Model: Che cosa farai questo weekend?
          Sabato andrò a fare un picnic.

Che cosa farai questo weekend?

Andrò a _____

Domenica sera tornerò a _____

Dormirò molto perchè _____

Farò la spesa con_____

Guarderò_____

Inviterò gli amici a _____

Lavorerò _____

Preparerò una festa perchè_____

Sabato mattina farò _____

Scriverò una lettera a _____

Studierò_____

Telefonerò a_____

Visiterò_____

G. Writing Tasks

PART A—LISTS: For each of the four topics below, write a list of four items in Italian.

1. You are the chaperon around town for a group of Italian students. In Italian, list four sites that you would like to show them.

2. You are going to the Feast of San Gennaro in New York City. In Italian, list four things you would like to do there.

3. You have been paging through an old family photograph album. In Italian, list four reasons why you liked a particular photo.

4. You daydream a lot. In Italian, list four things you have been daydreaming about.

PART B—NOTES: Write a note of three sentences for each of the two tasks below.

1. Write a note to your pen pal in Palermo. In Italian, describe a famous landmark in your town.

2. There is a special holiday being celebrated in your neighborhood. In Italian, explain why you enjoy it.

Riepilogando

1. Providing and obtaining information about:

   (a) *Recent facts and situations*

   Che cosa hai fatto stasera?
   Ho visto un film alla televisione.

   Dove sei stato?
   Sono stato/a dal consigliere scolastico.

(b) *Activities, facts, and events occurring right now*

> Che cosa stai facendo?
>> Sto leggendo il giornale.

(c) *Facts, events, and needs taking place in the future*

> Che cosa farai stasera?
>> Andrò a cinema.

2. **Espressioni utili:**

Che cosa farai?	What will you do?
Ci ha fatto ridere.	(It) made us laugh.
di questo passo	at this rate
È da mezz'ora che ti aspetto.	I have been waiting for you for half an hour.
Ha acceso la luce.	He/She has turned the light on.
ha chiuso	has closed
Guardatelo!	Look at it!
Ma la smetta!	Stop it!
Non aprirò bocca!	I will not open my mouth!
Non ti sento bene.	I can't hear you well.
Speriamo!	Let's hope!
Sto per diventare ricco/a?	Am I going to become rich?
Sto pulendo la camera.	I'm cleaning the room.
Vattene!	Get out of here!

Specchio Riassuntivo

1.

Sono	(-*are*)	andato/a	in elicottero.
Sei	(-*ere*)	seduto/a	a tavola.
È	(-*ire*)	partito/a	alle dieci di sera.
Siamo	(-*are*)	entrati/e	nell'ufficio del Dottor Pellecchia.
Siete	(-*ere*)	caduti/e	sopra le foglie.
Sono	(-*ire*)	venuti/e	fuori.

2.

Ho Hai Ha	(-*are*) trovato	l'album delle fotografie.
Abbiamo Avete	(-*ere*) avuto	paura.
Hanno	(-*ire*) scoperto	di essere un'altra!

3.

	(fare)	fatto	i compiti?
	(bere)	bevuto	un caffè?
	(leggere)	letto	il giornale?
Hai	(mettere)	messo	l'album?
	(scrivere)	scritto	la lezione?
	(vedere)	visto	il professore?
	(dire)	detto	qualcosa?

4.

	(-*are*) preparando?
Che cosa stai	(-*ere*) leggendo?
	(-*ire*) aprendo?

5.

Sto Stai Sta Stiamo State Stanno	aspettando. leggendo il libro. aprendo la porta.

6.

Che cosa farà?	Parteciperò alla riunione. Scriverò una lettera. Partirò per New York.

12 Dove andrai?

I. In Section One of this Unit, you will learn to talk about available leisure time with emphasis on travel plans.

A. Read the following dialogue, and then answer the questions that follow.

ELENA Dove andrai quest'estate?

ARMANDO E tu dove andrai?

ELENA In Italia.

ARMANDO Probabilmente il papà e la mamma andranno a Venezia e mio fratello ed io...andremo a Venezia con loro.

ELENA Venezia? Ho sempre sognato di andare a Venezia!

ARMANDO Sì, anch'io.

ELENA ed
ARMANDO A Venezia! Saremo a Venezia...insieme!

ARMANDO Venezia è il mondo dei sogni, Elena. È un qualche cosa fra illusione e realtà. Questa città ti affascinerà. Vedrai case, palazzi, basiliche e monumenti spuntare dall'acqua. Non ci sono vie, ma canali pieni di battelli, vaporetti e gondole. Scoprirai un panorama incantevole di giorno e una città del mondo delle favole di notte.

ELENA Sì, Armando! La gente camminerà svelta fra le strade strette e le piazzette. I turisti, i curiosi ed i veneziani visiteranno Piazza San Marco, il Ponte di Rialto, il Ponte dei Sospiri e la Ca D'Oro. Molti passeranno il tempo giocando con i piccioni e ascoltando la musica in piazza; altri cammineranno fra le bancarelle piene di souvenirs o prenderanno il battello per scoprire tutta la città. E ci saranno persone di ogni razza, di ogni nazione e di ogni ceto sociale.

ARMANDO A sera, noi due, faremo una passeggiata sotto le stelle. Saliremo sulla gondola. Il gondoliere canterà le canzoni d'amore. Incontreremo altre gondole. Insieme formeremo un corteo che, al chiaro di luna e al suono della chitarra e della fisarmonica, scivolando sotto i ponti, porterà tutti ai confini della realtà.

Domande

1. Chi sono i personaggi del dialogo?
2. Che cosa sta per finire?
3. Dove andranno Elena ed Armando?
4. Che mondo è Venezia?
5. Che cosa spunta dall'acqua?
6. Com'è il panorama di Venezia?
7. Come sono le strade e le piazze di Venezia?
8. Con chi giocheranno i turisti in piazza?
9. Di che cosa sono piene le bancarelle?
10. Chi canterà le canzoni d'amore?
11. Il corteo di gondole dove porterà tutti?

Domande personali

12. In quale città abiti?
13. Quali monumenti importanti ci sono nella tua città?
14. Com'è la gente nella tua città?

Parole utili

bancarella, la	stall, booth	**confine, il**	limit, frontier
battello, il	boat	**corteo, il**	train, procession
canale, il	canal	**favola, la**	fairy tale
ceto sociale, il	social status	**fisarmonica, la** (*pl*	
chitarra, la	guitar	**le fisarmoniche)**	accordion

incontrare	to meet	**sapere, il**	knowledge
piccione, il	pigeon	**scivolare**	to glide
ponte, il	bridge	**scoprire**	to discover
qualche cosa	something	**spuntare**	to come out
razza, la	race	**suono, il**	sound
salire	to get on	**svelto/a**	fast, quick
saltare	to jump	**vaporetto, il**	steamboat

Espressioni utili

al chiaro di luna	in the moonlight
Dove andrai quest'estate?	Where will you go this summer?
fare la passeggiata	to take a walk
passare il tempo	to spend time
Ti affascinerà.	(It) will fascinate you.

B. Read the following dialogue about two young people in love. Then answer the questions that follow.

TOPIC	Travel
SITUATION	Informal conversation with peers and adults
PURPOSE	To provide and obtain information while expressing personal feelings about facts

LUI Cara, ho una sorpresa per te!

LEI Dimmi! Che cosa?

LUI Ecco i biglietti. Ho i biglietti!

LEI Dove andremo? Faremo una gita?

LUI Saranno tre settimane fantastiche! Andremo in Italia!

LEI Italia! Hai detto Italia? Già vedo le verdi montagne, le gondole veneziane, i faraglioni di Capri, le spiagge infuocate, il mare blu ed il cielo stellato.

LUI Partiremo subito.

LEI Quando? Dimmi quando!

LUI Lasceremo Los Angeles il 31 luglio e ritorneremo il 22 agosto.

LEI Fantastico! Saremo lì durante il «Ferragosto»! Potremo vedere sagre, fuochi d'artificio...

LUI Sì, avremo un itinerario completo: il giro delle isole in elicottero, la traversata degli Appennini in macchina e...

LEI Ci sarà il tempo per lo shopping? Io voglio una borsetta di pelle, una collana di coralli ed un paio di orecchini d'oro.

LUI Ed io andrò sulla spiaggia e prenderò il sole mangiando gelati e granite di caffè con panna.

LEI E chi farà le valigie?

Domande

1. Chi sono i personaggi del dialogo?
2. Che cosa faranno essi?
3. *Destinazione*: Dove andranno?
4. *Durata*: Per quanto tempo andranno?
5. *Partenza*: Quando partiranno da Los Angeles?
6. *Ritorno*: Quando ritorneranno?
7. *Mezzo di trasporto*: Come arriveranno in Italia?
8. *Itinerario*: Dove andranno?
9. Chi vuole comprare una collana di coralli?
10. Che cosa farà Lui quando andrà sulla spiaggia?

Parole utili

borsetta, la	handbag	**onda, l'**	wave
collana, la	necklace	**orecchini, gli**	earrings
Ferragosto, il	August holiday	**paio, un**	pair
faraglione, il	cliff	**panna, la**	whipped cream
fuochi d'artificio, i	fireworks	**pelle, la**	leather
gelato, il	ice cream	**sagra, la**	festival
granita, la	grated ice	**stellato/a**	starry
infuocato/a	hot	**traversata, la**	crossing
lasciare	to leave		

Espressioni utili

Dimmi!	Tell me!
Faremo una gita?	Will we go on a trip?

C. Where will the Uccelli family go on vacation? Will they go to the beach, will they go skiing, or will they spend time relaxing on a cruise? Read this itinerary, and then answer the following questions.

Due settimane in Italia. A tutto bus intorno allo Stivale. Hotel di 1ᵃ categoria e lusso, camere doppie con bagno o doccia, colazione e cena, visite ed escursioni guidate.

Itinerario

1° GIORNO   Partenza da New York, Alitalia volo 610, ore 20.00 (8 P.M.) con cena a bordo.
Arrivo in Italia la mattina del giorno dopo.
Trasferimento immediato, in pullman (bus) dall'aeroporto Leonardo Da Vinci, in albergo.
Colazione e visita della città di Roma.

2° GIORNO   Visita musei, Colosseo, Vaticano e Tivoli.

3° GIORNO   Giornata a disposizione.

4° GIORNO   Partenza in pullman per Firenze. Visita della città.

5° GIORNO   Visite ai musei, Ponte Vecchio e Piazzale Michelangelo. Visite ed escursioni guidate.

6° GIORNO   Escursione a Pisa. Tour della città e visita alla Torre Pendente. Rientro a Firenze.

7° GIORNO   Giornata a disposizione.

8° GIORNO   Da Firenze a Bologna. Visita panoramica della città. Seconda colazione e partenza, nel pomeriggio, per Padova. Pernottamento e prima colazione.

9° GIORNO   Da Padova a Venezia. Trasferimento in albergo via vaporetto. Gita a piedi della città.

10° GIORNO   Gita in gondola. Visita a Piazza San Marco. Visita notturna della città.

11° GIORNO   Giornata a disposizione.

12° GIORNO   Da Venezia a Milano. Fermata a Sirmione sul Lago di Garda. Visita notturna di Milano.

13° GIORNO   Visita al Duomo, alla Scala e al Castello Sforzesco. Pomeriggio libero e serata al Night.

14° GIORNO   Partenza da Milano per gli Stati Uniti.

Domande

1. In quale paese andranno gli Uccelli?
2. Come viaggeranno in Italia?
3. Che cosa include il tour?
4. Con quale linea aerea viaggeranno?
5. Da quale città degli Stati Uniti partiranno?
6. Che cosa visiteranno a Roma?
7. Quale escursione faranno il 6° giorno?
8. Quando faranno la gita in gondola?
9. Dove andranno la sera prima della partenza per gli Stati Uniti?

Domande personali

10. Conosce lei qualche città italiana?
11. Quali nazioni ha visitato lei?
12. Le piace viaggiare?
13. Dove le piace andare?
14. Con chi le piace andare?

Parole utili

escursione guidata, l'	guided tour
giornata a disposizione, la	free day (at one's own disposal)
pernottamento, il	overnight stay
serata al Night, la	evening spent dancing
trasferimento, il	transfer

D. Discuss your vacation with a friend or a classmate. Then tell your plan to the rest of the class. You may use the following expressions or your own when making your presentation. Then complete the chart.

1. Andremo in vacanza nel mese di _____.

2. Viaggeremo con _____.

3. Andremo in _____.

4. Resteremo _____.

5. Partiremo da_____ il _____.

6. Il biglietto costerà_____.

7. Ritorneremo da_____ il _____.

8. Useremo solo hotel di prima categoria con _____.

9. Visiteremo le seguenti città _____.

10. Avremo bisogno del passaporto e del _____.

Mese _____

Agenzia _____

Durata _____

Partenza _____

Prezzo _____

Ritorno _____

Alloggio _____

Mezzo di trasporto _____

Itinerario _____

E. Complete the following dialogue. Use the *Parole utili* and *Espressioni utili* for help with the vocabulary.

TOPIC   Travel

SITUATION   Informal conversation with a friend

PURPOSE   To get others to adopt a course of action by suggesting where to go on vacation

LUIGI Dove potrò andare a passare le vacanze estive quest'anno?

TU *(Say that you will go to Sardinia.)*

LUIGI Ma che sei scemo! E che cosa c'è da vedere in Sardegna?

TU *(Indicate that you want to see the "nuraghi', and the Costa Smeralda.)*

LUIGI E dopo?

TU *(Suggest seeing festivals, villages, and typical monuments.)*

LUIGI E potrò fare dello sport?

TU *(Indicate that he will be able to swim, to sail, to go on horseback and to explore.)*

LUIGI Forse anch'io andrò in Sardegna! Quali sono i mezzi di trasporto?

TU *(Say that he will be able to take boats, airplanes, and ferries.)*

Parole utili

esplorare	to explore
nave (piccola), la	boat
nave traghetto, la	ferry
nuotare	to swim
nuràghe, il	prehistoric tower-like structure featuring conically vaulted chambers constructed of uncut, unmortared blocks of stone
sciare	to ski

Espressioni utili

andare a cavallo	to go horseback riding
andare in barca	to sail
Andrò a *o* in...	I'll go to...
fare l'esploratore	to be an explorer
Voglio vedere...	I want to see...

II. In Section Two of this Unit, you will have more practice talking about plans for the future. You will also learn the language used for apologizing and for convincing people to adopt a course of action.

A. Sandro Pavone has just arrived from Italy, and his American friend Danny invites him to a baseball game.

TOPIC   Leisure time: Sports
SITUATION Informal conversation with peers
PURPOSE   To apologize

SANDRO Pronto! Chi parla?

DANNY Ciao! Non mi riconosci?

SANDRO Oh, scusami! Sei Danny, vero?

DANNY Come stai? Che mi racconti di bello?

SANDRO Ti saluta la Pina da Roma. Te la ricordi? Ma perchè mi hai telefonato?

DANNY Ho due biglietti per una partita di baseball. Sei libero stasera? Vuoi venire?

SANDRO Mi dispiace ma stasera non posso. Ho un appuntamento.

DANNY Non fa nulla. A proposito, hai niente da fare questo weekend?

SANDRO No. Credo proprio di no. Perchè?

DANNY C'è la partita di football. Vuoi venire?

SANDRO Magnifico! A che ora comincia?

DANNY Alle 4 del pomeriggio.

SANDRO Se non ti dispiace, puoi passare a prendermi? Puoi portare la tua macchina sportiva?

DANNY Ma certo! Vecchia Volpe! Ho capito...tu vuoi portare anche le ragazze! Aspettami! Sarò davanti casa tua alle 2 in punto. Ciao!

Domande

1. Chi sono i personaggi del dialogo?
2. Perchè Danny ha telefonato a Sandro?
3. Può Sandro andare a vedere la partita?
4. Che cosa risponde Sandro?
5. Ha Sandro qualcosa da fare per il weekend?
6. Che partita c'è questo weekend?
7. A che ora c'è la partita?
8. A che ora passerà Danny a prendere Sandro?
9. Perchè Danny porta la macchina sportiva?

Domande personali

10. Va lei a vedere le partite di baseball o di football?
11. Qual è il suo sport preferito?
12. Con chi va a vedere le partite?

Parole utili

raccontare	to tell	**salutare**	to say hello to

Espressioni utili

a proposito	by the way
Mi dispiace.	I'm sorry.
Non fa nulla.	It doesn't matter.
Non mi riconosci?	Don't you recognize me?
Sei Danny, vero?	You are Danny, aren't you?
Se non ti dispiace...	If you please...
Te la ricordi?	Do you remember her?

B. Love at first sight, but...

TOPIC	School life: Relationship between peers
SITUATION	Interaction with peers
PURPOSE	To apologize by expressing personal feelings about attitudes

Gianni è appena arrivato dalla Florida. È a scuola, ma non conosce nessuno. Durante l'ora di refettorio vede una bella ragazza e va a sedersi allo stesso tavolo perchè vuole fare amicizia con qualcuno. La ragazza gli chiede di passare il ketchup. Gianni vuole essere gentile, ma mentre cerca di mettere il ketchup sulle patatine fritte della ragazza, la mano trema e, patatràc! Il ketchup cade sulla gonna della ragazza. Che figuraccia!

LUI Scusami! Non l'ho fatto apposta.

LEI (*Alzandosi.*) Mi dispiace. Devo correre a lavarmi.

La ragazza non torna più... Ma durante la lezione di chimica lui vede che lei ha l'ora di laboratorio durante il suo stesso periodo. Allora va al tavolo di lei. La ragazza è carina e gli piace.

LUI Ciao! Sono proprio umiliato.

LEI Ma chi sei? Non ti conosco!

(LA PROFESSORESSA: «Oh, Luisa, vedo che hai trovato il compagno per l'esperimento di chimica. Bene, bene!»)

LUI Noi due saremo una reazione chimica perfetta.

LEI Veramente!

LEI Passami la provetta!

LUI Tà... taran... tà... tà!

LEI Ma che fai?

LUI Sto mischiando le note musicali. Ti chiedo perdono del modo in cui ti ho trattata prima nel refettorio.

LEI (*Rivolgendosi all'amica.*) È un ragazzo strano, nevvero?

AMICA No. Tu gli piaci.

LEI Non ci posso credere! Mi sta facendo impazzire e non lo posso digerire.

LEI (a lui) Ma chi ti conosce? Vattene!

LUI (a lei) Mi piaci. Sono innamorato di te.

LEI Ma tu non sei il mio tipo.

LUI Io posso cambiare... Io posso cambiar vestito! Vuoi venire a ballare stasera?

LEI Ma vattene!

LUI Scusami! Perdonami! Non voglio offenderti!

LEI Ma questo è scemo!

Domande

1. Chi sono i personaggi del dialogo?
2. Da dov'è appena arrivato Gianni?
3. Ha Gianni molti amici a scuola?
4. Chi vede Gianni nel refettorio?
5. Perchè Gianni si siede allo stesso tavolo?
6. Che cosa gli chiede di passare la ragazza?
7. Gianni crea un problema?

8. Che cosa dice Gianni?
9. La ragazza non torna più. Dove la vede Gianni?
10. Che cosa fa lui?
11. Qual è il nome della ragazza?
12. Secondo la professoressa che cosa devono fare insieme?
13. Secondo Luisa che tipo di ragazzo è Gianni?
14. Gianni è innamorato di lei?
15. Dove invita la ragazza ad andare con lui?

Domande personali

16. Hai amici a scuola?
17. Che cosa dici quando crei qualche problema?
18. Hai problemi con le ragazze/i ragazzi?

Parole utili

mischiare	to mix
provetta, la	test tube
refettorio, il	school cafeteria
trattare	to behave, to deal with, to treat
tremare	to shake

Espressioni utili

Che figuraccia!	How embarrassing! What an embarrassment!
Mi sta facendo impazzire.	He's/She's driving me crazy!
Non ci posso credere!	I don't believe it!
Patatràc!	What a disaster!
Ti chiedo perdono...	I beg your pardon for...
Vuole fare amicizia.	He/She wants to make friends with someone.

C. Complete each sentence by matching Group A with Group B.

A	**B**
1. Mi dispiace ma oggi non posso uscire con te perchè...	a. ti chiedo perdono.
	b. io ho sbagliato.
2. Scusami. Sono proprio umiliato perchè ho risposto male...	c. stasera ho un appuntamento.
	d. non posso accettare il tuo invito.
3. So che ti ho offeso, perciò...	e. alla tua amica in classe.
4. Mi dispiace molto, ma...	
5. Ti chiedo scusa perchè so che...	

D. Situations: Give an appropriate response for each of the following situations.

1. *Al ristorante*

   CLIENTE Ma io non ho ordinato un piatto di spaghetti!

   CAMERIERE *(Apologize.)*

2. *In ufficio*

   MANAGER Ma lei è in ritardo anche oggi!

   TU *(Excuse yourself.)*

3. *Allo stadio*

   UN AMICO TI CHIEDE 20 DOLLARI. Tu non hai nemmeno un dollaro.

   TU DICI: *(Say that you are sorry, but you can't.)*

4. *A scuola*

   Tu sei in classe e stai facendo chiasso.

   IL PROFESSORE La smetta! Silenzio, per favore!

   TU *(Apologize.)*

5. *Al telefono*

   Tu devi cancellare un appuntamento con un amico.

   TU TELEFONI E DICI: *(Excuse yourself and say why.)*

Parole utili
   cancellare   to call off   **ordinare**   to order
   nemmeno   not even

Espressioni utili
   essere in ritardo   to be late   **La smetta!**   Stop it!
   fare chiasso   to make noise

E. Writing Tasks: Write a note of three sentences for each of the two tasks below.

1. You are in Naples. Send a postcard to a friend. In Italian, write why you love the city of Naples.

2. You have a pen pal in Florence. In Italian, write a note inviting your friend to visit your home state.

Riepilogando

1. Providing and obtaining information about travel plans:

Dove andrai quest'estate?
   Non lo so. Forse andrò a New York.

Per quanto tempo andrai?
   Per tre settimane.

Che cosa farai?
   Avrò un itinerario completo.

2. Expressing personal feelings by apologizing:

Vuoi venire a cinema con me?
   Mi dispiace, ma non posso.

Sei libero stasera?
   Mi dispiace, ma stasera ho un appuntamento.

Ma chi sei? Vattene!
   Perdonami! Non voglio offenderti. Sono proprio umiliato/a.

3. **Espressioni utili:**

andrò a *o* in...	I'll go to...
Che figuraccia!	How embarrassing! What an embarrassment!
Dimmi!	Tell me!
Dove andrai quest'estate?	Where will you go this summer?
Faremo una gita?	Will we go on a trip?
La smetta!	Stop it!
Mi dispiace.	I'm sorry.
Mi sta facendo impazzire.	He's driving me crazy!
Non ci posso credere!	I don't believe it!
Non fa nulla.	It doesn't matter.
Non mi riconosci?	Don't you recognize me?

Patatràc!	What a disaster!
Sei Danny, vero?	You are Danny, aren't you?
Se non ti dispiace...	If you please...
Te la ricordi?	Do you remember her?
Ti affascinerà.	(It) will fascinate you.
Ti chiedo perdono...	I beg your pardon for...
Voglio vedere...	I want to see...
Vuole fare amicizia.	He wants to make friends with someone.

Specchio Riassuntivo

1.

	(-are)	volerò	in	
(Io)	*(-ere)*	prenderò	l'	aereo.
	(-ire)	partirò	con l'	

2.

	vol-are	prend-ere	part-ire
(Io)	vol-erò	prend-erò	part-irò
(Tu)	vol-erai	prend-erai	part-irai
(Lei) (Lui)	vol-erà	prend-erà	part-irà
(Noi)	vol-eremo	prend-eremo	part-iremo
(Voi)	vol-erete	prend-erete	part-irete
(Loro)	vol-eranno	prend-eranno	part-iranno

3.

Che cosa	farò farai farà faremo farete faranno	(io) (tu) (lei) (noi) (voi) (loro)	questo weekend?

4.

A che ora Come Con chi Dove Perchè Per quanto tempo Quando	andrai in Italia?

5.

(Io)	andrò potrò	a passare passare	le vacanze	in Florida.
	sarò	in vacanza		

13 La sua carta d'identità, prego!

I. In Section One of this Unit, you will learn to answer questions and give personal information about yourself and others concerning events in the past.

A. Read the following dialogue, and then answer the questions that follow.

FRANCO Allora invitasti tutti gli amici?

ROSALIA Invitai tutti i ragazzi e tutte le ragazze del club italiano.

GINO Scommetto che Salvatore venne vestito da Superuomo.

LUISA Ma come andò la serata?

La serata incominciò bene. Tutti i soci del club italiano arrivarono in costume: scheletri, mostri, pirati e streghe. Essi bussarono alla porta della casa di Rosalia. La ragazza, da dentro, rispose con un miao lungo e dolorante. Poi aprì la porta.
   Gli amici entrarono e incominciarono a decorare il salone. Misero zucche senza denti davanti alla porta e figure di spiriti e gatti neri alle finestre. Ma a mezzanotte...

FRANCO Che cosa accadde?

ROSALIA Ebbi tanta paura. Temei una brutta sorpresa.

GINO Fu un attimo! Pulcinella arrivò di corsa. Fece un inchino e gridò in italiano: «Entrate!»

LUISA E chi entrò?

ROASLIA Pantalone, Arlecchino, Colombina e tante altre maschere italiane entrarono ballando.

ROSA E che cosa fece Pulcinella?

GINO Pulcinella salì su una sedia e disse: «Sono napoletano, porto sempre l'allegria, ma ho una fame da lupi. Dove sono gli spaghetti, Rosalia?»
Le altre maschere formarono un cerchio e al suono del mandolino e dei tamburelli incominciarono a ballare la tarantella cantando:

> *Siamo maschere italiane.*
> *Veniamo da lontano.*
> *Sorelle americane,*
> *Venite, venite! Diamoci la mano.*

Fantasmi, spiriti, scheletri, streghe e mascherine incominciarono a ballare insieme cantando e ridendo.

Domande

1. Chi invitò gli amici?
2. Come incominciò la serata?
3. I soci del club arrivarono in macchina?
4. Dove bussarono?
5. La ragazza aprì la porta?
6. Che cosa accadde a mezzanotte?
7. Pulcinella disse qualche cosa?
8. Che cosa formarono le altre maschere?
9. Chi incominciò a ballare la tarantella con le maschere italiane?

Parole utili

accadere	to happen	**maschera, la**	mask; character
allegria, l'	cheerfulness, joy		from traditional
bussare	to knock		Italian comedies
cerchio, il	circle, ring	**mettere**	to put
costume, il	costume	**mostro, il**	monster
davanti	in front of	**pirata, il**	pirate
decorare	to decorate	**salire**	to get on, to climb
dente, il	tooth	**salone, il**	hall, large hall
dentro	inside	**scheletro, lo**	skeleton
dolorante	painful	**scommettere**	to bet
figura, la	picture	**serata, la**	party, reception;
gridare	to shout		evening
inchino, l'	bow	**socio, il**	member
incominciare	to begin, to start	**spirito, lo**	spirit, ghost
		tamburello, il	tambourine
		zucca, la	pumpkin

Espressioni utili

arrivare di corsa	to arrive running
Diamoci la mano.	Let's hold hands., Let's shake hands.
Fu un attimo.	It was a matter of a second.
Ho una fame da lupi.	I'm simply starving!
Temei una brutta sorpresa.	I was afraid something bad was going to happen.

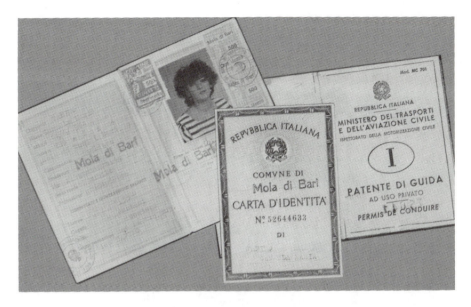

B. Role Play: *La sua carta d'identità, prego!* The class will be divided up into pairs to create and play the following scene: The first student will play an American tourist who has arrived by train at a border town in Italy (Chiasso). Unfortunately, his/her passport expired two days before. The Customs agent, played by the second student, asks for another piece of identification. The tourist searches frantically but cannot find one. The conclusion of the dialogue is left to the students' imagination. After each pair has created and practiced its scene, the students will present it before the class. The words and expressions below may be helpful.

Parole utili

documento d'identità, il	piece of identification
è scaduto/o	is expired
è scomparso/a	has disappeared
risiedere	to reside

Espressioni utili

Mi faccia vedere dentro le tasche.	Let me look inside my pockets.
Sì, prego!	Yes, please!

C. Dominic J. Bove went to Italy to visit his pen-pal Peppino Cornacchia. Dominic wanted to improve his knowledge of Italian. So, while living in Rome, he decided to enroll in a language program at a local language school.

Read Dominic's application; then answer the following questions.

Domanda d'Iscrizione

Istituto Linguistico «Parla Bene»
Viale del Poliglotta 9
00056 Roma, Italia
Tel.: 618 19 46

Nome _Dominic J. Bowe_

Indirizzo _(presso famiglia Cornacchia)_
Via Margutta 21

Città _Roma_

CAP _00056_

Nazionalità _Americana_

Lingua materna _Inglese_

Data di nascita _18 giugno 1970_

Luogo di nascita _Pittsburgh, Penn. U.S.A._

Professione _Studente_

Domande

1. Chi sono i due amici?
2. Chi va in Italia?
3. Dove decide di andare per imparare meglio l'italiano?
4. Di dov'è Dominic?
5. Di che nazionalità è?
6. In quale città italiana abita?
7. Qual è la sua lingua materna?
8. Qual è la sua professione?
9. Parla più di una lingua Dominic?

Domande personali

10. Ha lei un pen pal?
11. Le piace studiare un'altra lingua?
12. Ha amici che sanno parlare più di una lingua?
13. Nella sua città la gente parla solo l'inglese?
14. In quale città abita lei?

Parole utili

C.A.P., il	ZIP code
domanda d'iscrizione, la	registration form
presso	at
viale, il	boulevard

D. Fill out the following college application form with information about yourself.

---

1. Nome completo

   Signor
   Signora
   Signorina _____
   Cognome   Nome   Secondo nome

2. Indirizzo
   legale
   permanente

   _____
   Numero   Via   Appartamento No.

   _____
   Città   Stato   CAP   Prefisso/Telefono No.

3. Data di
   nascita

   _____   _____   _____
   Giorno   Mese   Anno

4. Previdenza
   Sociale,
   Matricola.

   □□□ □□ □□□□   □□□□□□
   Previdenza Sociale No.   H.S./Matricola No.

   19____
   Data/H.S./Diploma

5. Paese di
   origine

   (Prima) Lingua nativa _____ Luogo di nascita/Nazione _____

   Data di nascita _____ Città _____ Stato _____

   Se non è cittadino degli Stati Uniti, indicare il presente tipo di visto consolare.

   ___ Studente   ___ Immigrante/Residente permanente   ___ Altro

6. Entra come
   matricola?

   ___Sì ___No Se sì, quando desidera ___Settembre 19____
                 frequentare?   ___Gennaio   19____

7. Viene da
   altra
   università?

   ___Sì ___No Se sì, quando desidera ___Settembre 19____
                 frequentare?   ___Gennaio   19____
                                        ___Aprile   19____
                                        ___Giugno   19____

8. Indichi la
   facoltà di _____

   _____ architettura
   _____ lingua e letteratura
   _____ lingue straniere
   _____ chimica
   _____ medicina e chirurgia
   _____ ingegneria
   _____ economia e commercio
   _____ scienze politiche

   (continued)

9. H.S./				
informazioni	Ultima H.S. frequentata_____ Data _____			
	H.S./Indirizzo _____			
		Città	Stato	CAP
10. Firma del	_____		_____	
richiedente	Firma		Data	

Parole utili

facoltà di ...	college of ...
frequentare	to attend
previdenza sociale	Social Security
matricola, la	I.D. number; freshman
richiedente, il	applicant
visto consolare, il	consul's visa

E. Complete the following dialogue. Refer to the vocabulary lists immediately below it, if necessary.

Answer the interviewer's questions, following the suggested answers in parentheses.

TOPIC   Personal identification: Biographical information, physical characteristics, psychological characteristics

SITUATION   Interaction with a college interviewer in a face-to-face communication

PURPOSE   To get others to adopt a course of action by persuasion

INTERVISTATORE Venga. Si accomodi! Lei è il/la signor/ina Coppola, nevvero?

TU *(Agree and express pleasure at meeting the interviewer.)*

INTERVISTATORE Di dov'è lei?

TU *(Say where you are from.)*

INTERVISTATORE Mi dica qualcosa di se stesso/a.

TU *(Give some biographical information: age and/or date of birth, place of birth, your present address, occupation, and nationality.)*

INTERVISTATORE Mi dica qualcosa di personale.

TU *(Tell the interviewer that you are a serious person and a good student; you have a friendly personality. You like music, dislike modern painters, and want to become an expert in international marketing.)*

INTERVISTATORE Bene, bene! Perchè mi scrisse sei mesi fa?

TU *(Give reason.)*

INTERVISTATORE Quando incominciò a studiare le lingue?

TU *(Tell when.)*

INTERVISTATORE Perchè vuole venire a studiare nella nostra università?

TU *(Say that the university has a good program and you have a lot to offer: your excellent school record, your ability to speak other languages and desire to succeed.)*

INTERVISTATORE Va bene. Lei ha una buona possibilità di essere accettato/a.

TU *(Thank the interviewer.)*

Parole utili

accettato/a	accepted
bagaglio culturale, il	cultural background

Espressioni utili

da bambino/a	when (I was) a child
diventare un esperto in	to become an expert in
Le scrissi.	I wrote to you.
Lieto/a di fare la sua conoscenza.	Nice meeting you.
Mi descriva . . .	Describe to me . . .
Mi dica . . .	Tell me . . .
Mi scrisse.	You wrote to me.
personalità amichevole, la	friendly personality
se stesso	oneself, yourself
Si accomodi!	Make yourself comfortable!
Sono nato/a il __ a __.	I was born on __ in __.
Venga!	Come in!

F. You are working for a local newspaper. Information is needed for an important article on students attending a local high school who have recently arrived in this country from Italy. Your editor sends you to gather information on their new life in this country.

You can use the following questions or may ask your own.

Domande

1. Come si chiama?
2. Quanti anni ha?
3. Quando venne in America?
4. Dove incominciò ad andare a scuola?

5. Quale lingua parlò prima di imparare l'inglese?
6. Trovò difficile imparare l'inglese?
7. Quando completò la scuola elementare?
8. Quando terminò la scuola media?
9. Quali materie studiò con piacere nella scuola media?
10. Quale sport le interessò nella scuola media?
11. Qual è il suo sport preferito adesso?
12. Nella scuola media imparò ad usare il computer?
13. Sa usare il computer bene adesso?
14. A quale hobby si dedicò in high school?
15. Quali aspetti della vita americana le interessarono subito?

G. Use the questions in Part F to interview some of your friends or classmates. Then give an oral report of the results of your interview to the class. Follow the example below.

Maria incominciò ad andare a scuola a 5 anni. Terminò la scuola elementare nel 19____ e finì la scuola media nel 19____. Studiò con piacere l'italiano, la matematica, la storia e l'inglese. Il primo anno di scuola media superiore decise di studiare la musica, le scienze e la matematica. La pittura rimase sempre il suo hobby preferito. La prima lingua che parlò non fu l'inglese ma il dialetto siciliano.

H. Study this biographical information about Mario Lanza, one of the most renowned singers the United States has ever produced.

Mario Lanza (nato Alfredo Arnold Cocozza), famoso cantante americano di discendenza italiana, nacque in South Philadelphia, Pennsylvania, il 31

gennaio 1921. Mario ebbe una personalità carismatica e una voce elettrizzante. La gente infatti disse di lui: «La sua voce sembra proprio quella di Caruso ritornato in vita». Studiò l'italiano, il francese, il tedesco ed il dialetto napoletano, e cantò in queste lingue.

La sua carriera come cantante d'opera e attore cinematografico fu un grande successo. Interpretò vari film: «That Midnight Kiss», «Night at the Hollywood Bowl», «The Toast of New Orleans», «The Great Caruso», «Because You're Mine» e «The Seven Hills of Rome».

Cantò molte opere: «Aida», «Otello», «Rigoletto», «Cavalleria Rusticana», «I Pagliacci», «Tosca». Cantò anche molte arie di opere famose e molte canzoni popolari italiane.

Nel 1957 Mario Lanza partì per lavorare in Italia.

Viaggiò molto: Stati Uniti, Messico, Canada, Inghilterra, Germania e Italia.

Mario Lanza morì in Italia il 7 ottobre, 1959.

Domande

1. Dove nacque Mario Lanza?
2. In quali lingue cantò?
3. Interpretò dei film?
4. In quali opere cantò come tenore?
5. Viaggiò molto?
6. Morì giovane o vecchio?
7. Quando morì?
8. La gente amò ascoltare la sua voce?
9. Come lo chiamò la gente?

Parole utili

attore cinematografico, l'	movie actor
cantante, il/la	singer
carismatico/a (*pl* **carismatici/che**)	charismatic
carriera, la	career
elettrizzante	electrifying
infatti	in fact
tedesco, il	German (language)
vario/a	several

Espressioni utili

di discendenza italiana	of Italian descent
Interpretò ...	(He/She) interpreted ...
Sembra proprio ...	(It) sounds like ...

I. Look at the information given in the following chart. Study it. Then follow the preceding model on Mario Lanza and give an oral report on the life of Lou Costello.

Nome	Lou Costello (nato Louis Francis Cristillo)
Luogo di nascita	Paterson, New Jersey
Data di nascita	6 marzo 1906
Anno 1928	Iniziò la carriera cinematografica come contro-figura nel film «Trails of 98»
Alcuni film	«One Night in the Tropics», «Ride 'Em Cowboy», «Lost in a Harem», «Abbott and Costello in Hollywood», «Abbott and Costello in the Foreign Legion», «Africa Screams», «Lost in Alaska»
Data di morte	3 marzo 1959, in New York

II. In Section Two of this Unit, you will have more practice in giving personal information about events in the past. You will also learn to say how long you have been in a place and how long you have been doing something.

A. Read the following dialogue, and then answer the questions.

TOPIC	Occupation
SITUATION	Interaction with unfamiliar adult
PURPOSE	To obtain information

Alfredo Bontempi is the president of a soccer club. Paolo Palloni from a local Italian radio station telephones him.

PALLONI Pronto! Scusi... Vorrei parlare con il signor Buontempi.

BONTEMPI Pronto! Con chi parlo?

PALLONI Sono il radioannuciatore della «Voce d'Italia», Paolo Palloni.

BONTEMPI Oh, signor Palloni! Come sta? È un piacere sentire la sua voce.

PALLONI Vorrei farle delle domande sul calcio per i nostri programmi. Le dispiace?

BONTEMPI No, no. Prego!

PALLONI Signor Bontempi, da quanto tempo è presidente del Circolo Sportivo «I Campioni»?

BONTEMPI Mi lasci pensare un po'... Sono un cinque o sei anni.

PALLONI È da molto che partecipa attivamente alle attività sportive dei giovani italo-americani?

BONTEMPI Sono diversi anni che cerco di dare una mano a questi nostri ragazzi.

PALLONI Quando incominciò?

BONTEMPI Alcuni anni fa incominciammo per gioco ed ora abbiamo una squadra campione.

PALLONI Come fate a finanziare la squadra?

BONTEMPI Non dimentichi che da tre anni sono anche manager di una Ditta di Importazione e Esportazione organizzata dai soci del Circolo.

PALLONI Capisco benissimo. Per quanto tempo pensa di continuare a dirigere il Circolo Sportivo «I Campioni»?

BONTEMPI È difficile darle una risposta. Non so.

PALLONI Grazie e tanti auguri alla sua squadra.

BONTEMPI Grazie anche a lei. Buon giorno.

Domande

1. Chi sono i personaggi del dialogo?
2. Da quanto tempo il Signor Bontempi è presidente del Circolo Sportivo «I Campioni»?
3. È da molto che il Signor Bontempi partecipa alle attività sportive dei giovani italo-americani?
4. Quando incominciò?
5. Da quando lavora come manager per la Ditta organizzata dai soci del Circolo?

Domande personali

6. Fa lei parte di un club sportivo?
7. Da quanto tempo?
8. Sa che ci sono trasmissioni di partite di calcio alla televisione in diretta dall'Italia?
9. Gioca lei a pallone? È da molto?
10. È da molto che abita in questa città?
11. Lavora? È da poco che lavora?

Parole utili

calcio, il soccer		**per gioco** for fun

Espressioni utili

alcuni anni fa	a few years ago
Da quanto tempo è...?	How long have you been...?
dare una mano a	to give a hand to
È da molto che partecipa...?	How long have you been participating...?
Le dispiace?	Is it OK with you?
Mi lasci pensare un po'...	Let me think about it...
non dimentichi...	don't forget...
Vorrei farle delle domande.	I'd like to ask you some questions.
Vorrei parlare con...	I'd like to speak with...

B. Ask your classmates the questions in *Domande personali* in Part A, above. Then give an oral report to the class. You may use the example below, as a model.

«*Aldo dice che abita in questa città da dieci anni. Sono tre anni che gioca a pallone con la squadra della nostra scuola. Tutti i giorni nel pomeriggio lavora come manager in una pizzeria. Fa questo da tre settimane.*»

C. Complete the following dialogue. You are at a party with a group of friends at the International House on a college campus. You meet an Italian-speaking person.

TOPIC   Cultural aspects
SITUATION Informal conversation with a new acquaintance
PURPOSE   To socialize

LUI Scusi! Mi sbaglio o l'ho sentito/a parlare l'italiano?

TU *(Tell him he has heard correctly: you speak Italian.)*

LUI Frequenta l'università?

TU *(Agree and tell him that you are a music major.)*

LUI Io sono qui per studiare l'inglese.

TU *(Ask him how long he has been living in this country.)*

LUI Sono qui da due mesi. Ma lei parla benissimo l'italiano!

TU *(Ask him how he speaks English.)*

LUI Ho ancora molto da imparare. Può aiutarmi?

TU *(Answer affirmatively and tell him that if he will help you with your Italian, you will help him with his English.)*

LUI Fantastico!

TU *(Give him your phone number and tell him to call you up this weekend.)*

Parole utili
dolce   sweet

Espressioni utili
frequentare l'università   to go to college
Mi sbaglio.   I'm mistaken.
Mi sto laureando in...   I'm a(n)... major.

D. Situations: Give an appropriate response for each of the following situations.

1. The new bank manager calls you into his office to compliment you on a job well done. Then he asks you how long you have been working for the bank. You reply:

   TU: _____

2. You are attending a college out of town. A student from your class asks you what you are majoring in. You reply:

   TU: _____

3. Your friend is surprised to hear you speaking Italian without an accent and wants to know if you were born in Italy. You reply:

   TU: _____

4. In your social studies class your professor asks you who are the most famous Italian-Americans in America today. You reply:

   TU: _____

Riepilogando

1. Answering personal questions in the past:

   Quando venne in America?
      Venni cinque anni fa.

2. Asking for and giving information about people in the past:

   Dove nacque Mario Lanza?
      Nacque in South Philadelphia.

   Quando morì Lou Costello?
      Morì il 3 marzo 1959.

3. Telling how long you have been in a place:

   È da molto che abita in questa città?
      Abito qui da quattro anni.

4. Telling how long you have been doing something:

   Da quanto tempo è presidente del Circolo Sportivo?
      Sono un cinque o sei anni.

   Da quando parla l'italiano?
      Lo parlo da bambino/a.

5. **Espressioni utili:**

Da quanto tempo è ...?	How long have you been ...?
Diamoci la mano.	Let's hold hands. Let's shake hands.
È da molto che partecipa ...?	How long have you been participating ...?
Ho una fame da lupi.	I'm simply starving!
Le dispiace?	Is it OK with you?
Lieto/a di fare la sua conoscenza.	Nice meeting you.
Mi dedicai alla musica.	I devoted myself to music.
Mi interessò lo sport.	I was interested in sports.
Mi lasci pensare un po'.	Let me think about it.
Mi sbaglio.	I'm mistaken.
Mi sto laureando in ...	I'm a(n) ... major.
Si accomodi!	Make yourself comfortable!
Venga!	Come in!
Vorrei farle delle domande.	I'd like to ask you some questions.

Specchio Riassuntivo

1. arriv-*are*

(Io)	arriv-ai	
(Tu)	arriv-asti	
(Lui, Lei)	arriv-ò	in costume.
(Noi)	arriv-ammo	di corsa.
(Voi)	arriv-aste	
(Loro)	arriv-arono	

2. tem-*ere*

(Io)	tem-ei	(*temetti*)	
(Tu)	tem-esti		
(Lui, Lei)	tem-é	(*temette*)	una brutta sorpresa.
(Noi)	tem-emmo		
(Voi)	tem-este		
(Loro)	tem-erono	(*temettero*)	

3. sal-*ire*

(Io)	sal-ii	
(Tu)	sal-isti	
(Lui, Lei)	sal-ì	su una sedia.
(Noi)	sal-immo	
(Voi)	sal-iste	
(Loro)	sal-irono	

4. avere

(Io)	ebbi
(Tu)	avesti
(Lui, Lei)	ebbe
(Noi)	avemmo
(Voi)	aveste
(Loro)	ebbero

5. essere

(Io)	fui
(Tu)	fosti
(Lui, Lei)	fu
(Noi)	fummo
(Voi)	foste
(Loro)	furono

6.

Mi interessò	lo sport.
Le interessò	studiare.

7.

(Io)	nacqui	a New York. negli Stati Uniti.
(Lui, Lei)	nacque	in Canada.

8.

Mi dica	qualcosa di	se stesso. personale. nuovo.

14 Ci siamo divertiti un mondo!

I. In Section One of this Unit, you will practice expressing personal feelings and providing and obtaining information about past events.

A. Mr. and Mrs. Sciallo are Americans of Italian descent. They are in the living room of their home. Some friends come to pay them a visit, and they discuss their travel experiences throughout the United States.

AMICO Perchè l'anno scorso andaste in California?

SIGNOR SCIALLO È una lunga storia. Ma ci divertimmo molto e scoprimmo un poco del nostro passato di Americani di origine italiana.

AMICO Dove andaste? Quanti giorni restaste là?

SIGNORA SCIALLO A San Francisco! Restammo lì un paio di giorni. Questa città, come Roma, fu costruita su sette colli e come Napoli è su un bel golfo.

AMICO Ma che cosa scopristi Pasquale?

SIGNOR SCIALLO Scoprimmo che in America ci sono Italiani dovunque!

AMICO E dovesti andare a San Francisco per scoprire questo!

SIGNOR SCIALLO No. Il fatto è che gli Italiani vennero a San Francisco più di 130 anni fa.

SIGNORA SCIALLO Questa città mostra interesse per le cose italiane: Il Banco d'Italia del Giannini, oggi chiamata Bank of America; le statue del Bufano, la Galleria del Crocker Center e ... le panetterie, le focaccerie, le gelaterie ... Oh, il delizioso gelato italiano!

AMICO Ma che significa questo? Molte di queste cose sono in qualsiasi città americana.

SIGNOR SCIALLO Bravo! Bravo!

AMICO E dopo San Francisco dove andaste?

SIGNORA SCIALLO Prendemmo l'aereo e andammo prima a Boston e poi a Providence.

AMICO Boston? Providence? E perchè? San Francisco non vi piacque più?

SIGNOR SCIALLO Ci piacque molto, ma a Boston e a Providence ci sono le «Little Italies».

SIGNORA SCIALLO Facemmo delle fotografie, parlammo con la gente, partecipammo alle feste locali e capimmo il segreto della gioia di vivere e della cultura degli Americani di discendenza italiana.

AMICO Il segreto! Scopriste il segreto? Ma quale?

SIGNOR SCIALLO Bisogna conoscere passato e tradizioni per sapere chi sei e quello che vali.

Domande

1. Dove andarono i Signori Sciallo l'anno scorso?
2. Che cosa scoprirono, secondo il Sig. Sciallo?
3. In quale città della California andarono?
4. Quanto tempo restarono lì?
5. Quali città italiane fa ricordare San Francisco?
6. Quando vennero gli Italiani a San Francisco?
7. Come si chiama oggi Il Banco d'Italia del Giannini?
8. Che cosa fecero i Signori Sciallo dopo?
9. Perchè andarono a Boston e a Providence?
10. A che cosa parteciparono qui?
11. Quale segreto capirono?
12. Che cosa bisogna fare per sapere chi sei?

Parole utili

colle, il	hill
divertirsi (ci divertimmo)	to enjoy oneself (we enjoyed ourselves)
focacceria, la	carry-out restaurant; fast food
paio di, un	a pair of, a couple of
panetteria, la	bakery
passato, il	past
qualsiasi	every
scoprire	to discover

Espressioni utili

anno scorso, l' (*m*)	last year
fu costruita	was built
Non vi piacque più?	You didn't like it anymore?
quello che vali	what you are worth

B. Complete the following dialogue. Use the *Parole utili* if necessary.

FRANCO Dove andasti in vacanza l'anno passato?

TU *(Say that you went to Niagara Falls.)*

FRANCO Ti divertisti?

TU *(Say that you had a very good time.)*

FRANCO Quanto restasti là?

TU *(Tell how long you stayed.)*

FRANCO Non visitasti la parte canadese?

TU *(Indicate that you spent a couple of days there.)*

FRANCO Lo vedesti l'arcobaleno sulle cascate?

TU *(Express disappointment.)*

Parole utili

arcobaleno, l'	rainbow	**divertirsi**	to have a good time
cascata, la	waterfall	**restare**	to remain

Espressioni utili

andare in vacanza	to go on vacation
Che delusione!	What a disappointment!
Fu una completa delusione!	I was completely disappointed!
Fu un vero peccato!	What a shame!
Mi divertii.	I had a good time.

C. Get together with a friend or a student in your class and conduct an interview. Ask him/her to describe the vacation he/she took the year before. You may use the following questions or add your own.

Domande

1. Dove andasti in vacanza l'anno passato?
2. Come viaggiasti?
3. Con chi andasti?
4. Restasti molto tempo là?
5. Facesti la prenotazione dell'albergo prima di partire?
6. Che cosa facesti durante le vacanze?
7. Scattasti molte fotografie?
8. Facesti amicizia con altri turisti?
9. Incontrasti gente interessante?
10. Ti divertisti?
11. Quando ritornasti?

D. You finally landed your first job as an interpreter. You are accompanying an executive of an Italian company to the United States. You arrive at a hotel in Los Angeles and begin translating for your boss.

TOPIC   At the hotel
SITUATION Interaction between the hotel clerk and a tourist
PURPOSE   To serve as a translator:
           a. Put the English expressions of the receptionist into Italian and
           b. Put the Italian phrases of the executive into English.

DIRIGENTE Buon giorno, scusi!

RECEPTIONIST *Good morning, sir. May I help you?*

DIRIGENTE Sì, ho una prenotazione.

RECEPTIONIST *Your name, please?*

DIRIGENTE Stefano Stanco. Ci sono problemi?

RECEPTIONIST *I'm sorry but your name does not appear on the reservation list.*

DIRIGENTE Impossibile!

RECEPTIONIST *Did you make the reservation by phone or by letter?*

DIRIGENTE Un mio amico telefonò la settimana passata.

RECEPTIONIST *Yes! But I don't know the person with whom he spoke.*

DIRIGENTE Forse parlò con il manager.

RECEPTIONIST *Wait a moment. Let me see what I can do for you.*

Parole utili

apparire	to appear	**prenotazione, la**	reservation
elenco, l' (*pl* **gli elenchi**)	a list		

Espressioni utili

Attenda un attimo.	Wait a moment.
con cui	with whom
Mi faccia vedere quello che ...	Let me see what ...
per lettera	by letter
per telefono	by telephone

E. Situations: Give an appropriate response for each of the following situations.

1. *Fra amici*

   PRIMO AMICO: Vedesti la partita finale del campionato mondiale di baseball?

   SECONDO AMICO: _____

2. *A casa*

   LA MAMMA: A che ora tornasti a casa la notte passata?

   TU: _____

3. *In città*

   SPETTATORE: Dove cominciò la parata?

   TU: _____

4. *In classe*

   IL PROFESSORE: Andaste in Italia durante le vacanze?

   TU: _____

5. *Al cinema*

   Every week you take your date to a movie. One day, he/she asks: Ti piacque il film la settimana scorsa?

   TU: _____

Parole utili

campionato, il	championship	**partita, la**	game
parata, la	parade	**scorso/a**	last

II. In Section Two of this Unit, you will practice reporting past events. You will also learn to describe a process in the past.

A. You are listening to an Italian-language radio station in your town. Three news items catch your attention.

TOPIC   Current events
SITUATION   Informational announcement provided over the radio
PURPOSE   To provide information

RADIOCRONISTA: I nostri programmi continueranno con «Il Notiziario della Settimana», una serie di fatti e notizie nazionali e internazionali.

Da Roma   Ieri, 12 febbraio, il Presidente della Repubblica Italiana partì per gli Stati Uniti d'America per una vacanza-lavoro di tre giorni. Informò i giornalisti dello scopo del suo viaggio. Partì con l'intenzione di aprire un nuovo dialogo sullo scambio commerciale fra i due paesi.

Da Washington Il portavoce della Casa Bianca riferì che i programmi spaziali procedevano bene.

Da Mosca   La stazione televisiva nazionale sovietica comunicò che i leader sovietici cercheranno uno scambio di idee con il mondo occidentale.

Domande

1. Quando partì da Roma il Presidente della Repubblica Italiana?
2. Quanto tempo resterà negli Stati Uniti?
3. Che cosa disse ai giornalisti prima di partire?
4. Chi riferì che i programmi spaziali continueranno nel prossimo futuro?
5. In quale città degli Stati Uniti è la Casa Bianca?
6. Di che cosa parlò il portavoce della Casa Bianca?
7. Che cosa comunicò la stazione televisiva sovietica?
8. Che cosa cercheranno i leader sovietici?
9. Qual è la capitale dell'Unione Sovietica?

Parole utili

notiziario, il	news report	**riferire**	to report
portavoce, il	speaker	**scambio, lo**	exchange
radiocronista, il/la	radio announcer	**scopo, lo**	purpose

B. Read the following brief news items, and answer the questions on each.

a. *Dal Tempo:* **Caos al Parco-giochi municipale.**

Come ogni anno la ditta «Corri con il cane», il 7 settembre, organizzò il raduno nazionale per la protezione delle donne amanti del footing. I cani ben addestrati e dall'aspetto feroce mostrarono al pubblico di essere pronti ad attaccare chiunque tentasse di avvicinarsi alle donne.

Alcuni signori con occhiali da sole, baffi, cappello e bastone (anch'essi impiegati della Ditta) avvicinarono le donne. I cani cominciarono ad abbaiare.

Subito i poliziotti arrestarono molti tipi dal fare sospetto ed il Commissario di polizia andò su tutte le furie quando capì che tutto faceva parte della trovata pubblicitaria.

Domande

1. Chi organizzò il raduno nazionale?
2. Perchè la ditta organizzò il raduno?
3. Quali animali parteciparono al raduno?
4. Che cosa fecero i poliziotti?
5. Quando andò su tutte le furie il Commissario di polizia?

Parole utili

addestrato/a (ben)	(well) trained
protezione, la	protection
raduno, il	encounter, meeting, get-together
tipo, il	type, individual
trovata pubblicitaria, la	publicity stunt

Espressioni utili

andare su tutte le furie	to "go ape"
chiunque tentasse di ...	whoever tried to ...
dall'aspetto feroce	with a ferocious look
dal fare sospetto	acting suspiciously
essere pronto a ...	to be ready to ...

b. *Dal Messaggero:* **Il Casanova volante**

Ieri i giornali di una città americana rivelarono la scomparsa di un pilota di una delle linee aeree nazionali. La notizia attirò subito l'attenzione della gente, delle stazioni radio e dei vari canali televisivi. I titoli di fondo dei giornali riportarono il fatto a caratteri cubitali: SVANÌ FRA LE NUVOLE E LASCIÒ SEI MOGLI CON QUINDICI FIGLI IN SEI CITTÀ FRA LE COSTE DEL PACIFICO E DELL'ATLANTICO. AMÒ TUTTE LE SUE DONNE E VISITÒ OGNUNA DI ESSE OGNI SEI SETTIMANE... PER MOTIVI DI LAVORO.

Domande

1. Che cosa rivelarono i giornali?
2. La notizia passò inosservata o attirò l'attenzione di molti?
3. Come riportarono il fatto i giornali?
4. Quante mogli lasciò il pilota?
5. Per quale ragione non poté visitare spesso le sue donne?

Parole utili

attirare	to attract
carattere cubitale, il	very large letter
rivelare	to reveal
scomparsa, la	the disappearance
svanire	to disappear
titolo di fondo, il	leading article, editorial

c. *Dal Corriere della Sera:* **Con le mani nel sacco**

Ai grandi magazzini arrestarono, ieri, sei signore. Le donne entrarono nei negozi con cortissime gonne, sorrisero alle guardie e uscirono indossando bellissime pellicce di visone. Recitarono la parte delle belle ingenue fino a quando una delle guardie cercò di allungare le mani e ricevette un bel ceffone in faccia ed un calcio negli stinchi.

Domande

1. Dove arrestarono le sei donne ieri?
2. Le donne uscirono dai negozi portando gonne lunghe?
3. Quale parte recitarono esse?
4. Che cosa cercò di fare una delle guardie?
5. Perchè una delle guardie ricevette un calcio negli stinchi?

Parole utili

calcio, il	kick	**pelliccia di visone, la**	mink coat
ceffone, il	slap in the face	**sorridere**	to smile
cortissimo/a	very short	**stinco, lo** (*pl* **gli stinchi**)	shin
indossare	to wear		

Espressioni utili

allungare le mani   to touch

C. A student has brought a delicious *pizza alla napoletana* to class. It makes your mouth water. You ask her how she prepared it. She stands up in front of the class and describes each step.

Ieri andai in pizzeria a comprare l'impasto. Dopo presi mozzarella, polpa di pomodoro, olio, origano, sale e pepe. A casa prima preparai la pasta usando il matterello per tirarla. Dopo tagliai la mozzarella a pezzetti e la misi sulla pasta insieme al pomodoro, al sale e al pepe. Poi aggiunsi un pizzico di origano e innaffiai tutto con l'olio d'oliva. Infine misi la pizza in una teglia e la feci cuocere nel forno caldissimo, da cinque a dieci minuti.

Parole utili

aggiungere	to add	**quindi**	then
cuocere	to cook	**teglia, la**	pie pan
impasto, l'	dough	**tirare**	to roll out
innaffiare	to sprinkle	**tutto**	everything
forno caldissimo, il	hot oven		
matterello, il	rolling pin		
pasta, la	dough		
pizzeria, la	pizza parlor		
pizzico, il	pinch		
polpa di pomodoro, la	pulp of tomato		

Espressioni utili

tagliare a pezzelli	to chop into tiny bits

D. Read the following recipe. Then stand up in front of the class and describe how to prepare «insalata mista».

Insalata Mista

Ingredienti: 1 spicchio d'aglio, 1/2 cetriolo, 4 pomodori sbucciati, 1 cipolla, 1 caròta, 1 lattuga, maionese, olio, succo di limone, aceto, sale e pepe.

Come si prepara: Lavare e asciugare la lattuga. Schiacciare lo spicchio d'aglio, affettare il cetriolo e tagliare a spicchi i pomodori, la cipolla fresca a sottili anelli e la carota a pezzetti.

Aggiungere la lattuga lasciando le foglie piuttosto lunghe. Mescolare gli ingredienti e condire a piacere con sale, pepe, olio, succo di limone e aceto.

Begin your description to the class by saying: «Prima lavai e asciugai la lattuga».

Parole utili

affettare	to slice	**asciugare**	to dry
aggiungere	to add	**carota, la**	carrot

cetriolo, il	cucumber	**piuttosto**		rather
condire	to season	**pomodoro sbucciato, il**		peeled tomato
foglia, la	leaf	**schiacciare**		to crush
lattuga, la	lettuce	**spicchio d'aglio, lo**		garlic clove
mescolare	to toss, to mix	**succo di limone, il**		lemon juice

Espressioni utili

tagliare a	**spicchi**	to cut into wedges
	sottili anelli	to cut into thin rings
	pezzetti	to dice

Riepilogando

1. Providing and obtaining information about past events:

   Dove andaste l'anno scorso?   Che cosa scopriste?
       Andammo in California.   Scoprimmo un segreto.

2. Reporting and describing past events:

   Quando partì da Roma il Presidente della Repubblica Italiana?
       Partì ieri, 12 febbraio.

   Andai in pizzeria a comprare l'impasto. Dopo presi...

3. Espressioni utili:

Andò su tutte le furie.	He went "ape."
Attenda un attimo.	Wait a moment.
Cercò di allungare le mani...	He/She tried to touch...
Che delusione!	What a disappointment!
Chiunque tentasse di...	Whoever tried to...
Ci piacque molto.	We liked it a lot.
Dove andaste l'anno scorso?	Where did you go last year?
essere pronto a...	to be ready to
Fu una completa delusione!	I was completely disappointed!
Fu un vero peccato!	What a shame!
Mi divertii.	I had a good time.
Mi faccia vedere quello che...	Let me see what...

Specchio Riassuntivo

1. andare

Andai	
Andasti	
Andò	a San Francisco.
Andammo	in California.
Andaste	
Andarono	

2. prendere

Presi	
Prendesti	
Prese	
Prendemmo	l'aereo.
Prendeste	
Presero	

3. scoprire

Scoprii	
Scopristi	
Scoprì	l'America.
Scoprimmo	che ci sono Italiani dovunque.
Scopriste	
Scoprirono	

4. fare

Feci Facesti Fece Facemmo Faceste Fecero	una gita. le fotografie.

5. piacere

Mi Ti Gli Le Ci Vi	piacque piacque piacque piacque piacque piacque Piacque loro	San Francisco.

15 Ma che cosa faceva lei?

I. In Section One of this Unit, you will learn to describe repeated or habitual actions in the past.

A. Read the following want ad and the dialogue that follows.

DITTA NAZIONALE «COMPUTERS»
IN PIENA ESPANSIONE COMMERCIALE
ANNUNZIA
APERTURA POSTI DI LAVORO PER
TECNICI-RAPPRESENTANTI
PER LA ZONA METROPOLITANA

La ditta offre

- Prodotti di alta qualità ad un prezzo ragionevole.
- Salario di 1.500 dollari la settimana fra commissioni e buoni.
- Assistenza medica.
- Assicurazione infortunio sul lavoro.

La ditta cerca rappresentanti giovani e desiderosi di fare carriera. La patente di guida è utile ma non necessaria.

La ditta è in via di espansione e promette un futuro migliore nel campo del personal computer.

La ditta prega gli interessati di presentare in persona la domanda di lavoro accompagnata da certificato medico di buona salute e nulla osta.

TOPIC   Types of employment
SITUATION Interaction with unfamiliar adult
PURPOSE   To provide and obtain information

Pier Paolo Pugliese reported for an interview after having applied for the position in the ad.

MANAGER Buon giorno, prego. Si accomodi!

PIER PAOLO Grazie.

MANAGER Lei è il signor...

PIER PAOLO Pier Paolo Pugliese.

MANAGER Lei è qui per il posto di tecnico-rappresentante?

PIER PAOLO Sì, signore.

MANAGER Allora lei è interessato in questo posto!

PIER PAOLO Sì, sono qui per questo.

MANAGER Ha esperienza in questo campo?

PIER PAOLO Prima ho lavorato con una ditta di elettrodomestici e poi con una ditta che riparava i computers.

MANAGER Qui, nella zona metropolitana?

PIER PAOLO No, nel Nord-Est. Abitavo a Boston e mentre frequentavo la scuola lavoravo ad ore.

MANAGER E che cosa faceva lei esattamente?

PIER PAOLO Lavoravo quattro o cinque ore al giorno. Telefonavo ai clienti e davo gli appuntamenti. Almeno due volte la settimana visitavo i nuovi clienti a casa, presentavo i nuovi prodotti, dimostravo come usare e mantenere i computers e poi discutevo i prezzi e il pagamento. Cercavo sempre di trovare nuovi clienti per la ditta.

MANAGER Usava la macchina della ditta o guidava la sua auto quando andava in giro?

PIER PAOLO Usavo la camionetta della ditta.

MANAGER E quanto guadagnava?

PIER PAOLO Abbastanza! Riuscivo a coprire le spese settimanali.

MANAGER Aveva molti benefici?

PIER PAOLO Avevo due settimane di vacanze, il tre per cento di commissione su ogni vendita ed in più mi davano un «buono» annuale di 500 dollari.

MANAGER Perchè vuole lavorare con questa ditta?

PIER PAOLO Perchè ho esperienza. Sono giovane e conosco i computers. Spero di farmi strada e di poter contribuire allo sviluppo di questa ditta.

Domande
1. Che cosa offriva la Ditta Nazionale Computers?
2. Che tipo di lavoratore cercava?
3. In quale campo la ditta prometteva un futuro migliore?
4. Come bisognava presentare la domanda di lavoro?
5. Quali documenti occorrevano?
6. Ha Pier Paolo esperienza di lavoro?
7. In quale città del Nord-Est abitava?
8. Che cosa faceva Pier Paolo a Boston?

9. Come vendeva i computers?
10. Quale macchina usava per andare in giro?
11. Guadagnava molto?
12. Quali benefici aveva?

Parole utili

almeno	at least	**pagamento, il**	payment
campo, il	field	**posto, il**	position, job
ditta, la	firm	**riparare**	to repair
elettrodomestici, gli	household appliances	**riuscire a**	to be able to

Espressioni utili

andare in giro	to drive around	**farsi strada**	to be a success
È interessato in ...	You are interested in ...	**lavorare ad ore**	to work part-time

B. Gianni Pollio was born in the North End of Boston, but now lives in New York City. Read this page from his diary. Then answer the questions at the bottom of the letter.

27 luglio _____

Quando abitavo nel North End ti vedevo, Gabriella, tutti i giorni. Ti aspettavo davanti alla scuola in Via Paul Revere. Tu portavi i capelli lunghi a coda di cavallo e sorridevi sempre quando mi vedevi. Eravamo contenti di stare insieme! Io ero all'ultimo anno di liceo e tu al secondo.

Allora amavo raccontarti i miei problemi e i miei sogni. Anzi noi sognavamo insieme. Facevamo lunghe passeggiate lungo il mare sorridendo felici. La vita sembrava tanto bella! Facevamo i compiti insieme e poi andavamo a ballare. Organizzavamo picnic con gli amici e ci telefonavamo per parlare, ridere e sognare...insieme. Avevamo le stesse aspirazioni. Spesso ti sognavo, sentivo la tua voce e quando aprivo gli occhi mi ritrovavo solo!

Era bello sognare! Sorridevo felice pensando a te e richiudevo gli occhi per continuare a sognare di te!

Domande

1. Chi abitava nel North End di Boston?
2. Vedeva un ragazzo o una ragazza tutti i giorni?
3. Dove aspettava la ragazza?
4. Che cosa amava raccontare Gianni alla ragazza?
5. Perchè andavano vicino al mare?
6. Con chi organizzavano i picnic?
7. Il ragazzo era solo quando abitava a Boston?
8. Perchè richiudeva gli occhi?

Domande personali

9. Dove abitava lei l'anno passato?
10. Sognava da ragazzo/a?
11. Scriveva o telefonava ai ragazzi/alle ragazze?
12. Che tipo di ragazzo/a preferiva lei?

Parole utili

abitare	to live	**ritrovarsi**	to find oneself
anzi	and even, and more than that	**sembrare**	to seem, to look, to appear
allora	then	**stesso/a**	same
liceo, il	secondary school	**voce, la**	voice

Espressioni utili

Ci telefonavamo.	We called each other.
lungo il mare	along the seashore
portare i capelli a coda di cavallo	to have a ponytail
Ti vedevo.	I saw you., I used to see you.
tutti i giorni	every day

C. Angelo Del Maestro was born in Sant'Apollinare, Italy. Now he lives in Pennsylvania. What did he do before coming here?

Abitavo a S. Apollinare, un piccolo paese del Lazio, nella provincia di Frosinone. Studiavo con profitto presso l'Istituto Giosuè Carducci, ai piedi del Monastero di Montecassino. Mi piaceva andare a scuola e imparavo il latino, il greco, la fisica, la matematica, le scienze, l'italiano e l'inglese. Andavo a scuola tutti i giorni tranne la domenica.

Dopo la scuola incontravo i miei amici, facevamo i compiti insieme e correvamo a giocare a pallone o in piazza o al campo sportivo.

Mi piaceva vivere al paese con gli amici. Ma mio padre lavorava negli Stati Uniti e la famiglia doveva essere riunita.

Ora siamo tutti insieme e mi piace stare in America.

Parole utili
  tranne   but

Espressioni utili
  ai piedi di...   at the foot of...
  fare i compiti   to do homework
  giocare a pallone   to play soccer
  Mi piaceva vivere al paese.   I liked to live in my hometown.
  studiare con profitto   to be a good student

Now complete the chart below and then tell the class about what you used to do before coming to your high school/college. Follow the above description given by Angelo.

Begin by saying: «Mi chiamo _____. L'anno passato (o due anni fra) abitavo a...

Nome	
Città	
Stato	
Indirizzo	
Istituto **(Scuola)**	
Orario delle lezioni	
Materie	
Attività	*Dopo la scuola:* studiare, fare i compiti, aiutare in casa, fare qualcosa per hobby.
	Il weekend: fare dello sport, fare la spesa, leggere e scrivere, uscire con gli amici

D. Complete the following dialogue. You just transferred to a new school. Your guidance counselor would like to know more about you.

CONSIGLIERE Lei non è di qui. Dove abitava?

TU *(Say where you used to live.)*

CONSIGLIERE Con chi abitava?

TU *(Indicate that you lived with your family.)*

CONSIGLIERE Dove studiava?

TU *(Give name of school.)*

CONSIGLIERE Che classe frequentava?

TU *(Indicate your grade level.)*

CONSIGLIERE E che cosa le piaceva studiare?

TU *(Explain.)*

CONSIGLIERE Che cosa faceva nel suo tempo libero?

TU *(Tell what you did.)*

CONSIGLIERE Aveva un lavoro ad ore?

TU *(Agree and say where you worked.)*

E. Peppino Coppola meets his friends at school.

TOPIC   Environment, education, and life
SITUATION   Group conversation and discussion among peers and familiar adults in the cafeteria of a school campus
PURPOSE   To express personal feelings

CHIARA ALBA Fino a qualche giorno fa ero affascinata dalla vita in città.

DOMENICO DE FALCO Io consideravo la metropoli come il luogo dell'opportunità.

SALVATORE BARBA Per me è la stessa cosa. Io mi adatto a vivere in qualsiasi posto.

PEPPINO COPPOLA Perchè ragionate così? Siete ancora le stesse persone che eravate l'anno scorso? Qualche mese fa? Un'ora fa? Oppure siete diversi?

CHIARA ALBA Ero una sognatrice. Credevo nella vita semplice.

DOMENICO DE FALCO Io avevo idee grandi. Volevo diventare qualcuno a tutti i costi...in un sol giorno!

SALVATORE BARBA Nella vita, amici miei, bisogna essere realisti. Bisogna studiare, lavorare ed aspettare il momento buono.

PEPPINO COPPOLA Tu perchè sognavi tanto? E tu che cosa volevi diventare? E tu come fai ad adattarti?

CHIARA ALBA Credevo nelle favole. Vedevo la vita attraverso i programmi della televisione e della radio. Ma la vita è differente!

DOMENICO DE FALCO Io dicevo sempre: «Oggi farai il pilota; domani sarai presidente di banca; poi sarai medico e poi...» Ma la realtà è diversa. È necessario sognare, ma bisogna lavorare per trasformare i sogni in realtà.

SALVATORE BARBA Studiavo matematica, fisica, lingue, scienze ed arte per avere un bagaglio culturale solido. Nella vita bisogna essere preparati.

PEPPINO COPPOLA Bravi, bravi! Vedo che cominciate a ragionare.

Domande
1. Chi sono i personaggi del dialogo?
2. Da che cosa era affascinata Chiara Alba fino a qualche giorno fa?
3. Come considerava la metropoli Domenico?
4. Dove si adatta a vivere Salvatore?
5. Che tipo era Chiara Alba l'anno scorso?
6. Perchè aveva idee grandi Domenico De Falco?
7. Che cosa bisogna essere nella vita secondo Salvatore Barba?
8. Perchè Chiara Alba credeva nelle favole?
9. Che cosa scoprono i quattro amici alla fine del dialogo?

Domande personali
10. È lei un tipo sognatore o realista?
11. Che cosa sognava di essere quando incominciò la scuola superiore?
12. Credeva ancora nelle favole quando frequentava la scuola media?

Parole utili

adattarsi a	to adapt oneself, to adjust oneself to
bisogna	you need to (one needs to)
sognatore, il; sognatrice, la	dreamer

Espressioni utili

Come fai ad adattarti?	How do you adapt yourself?
fino a qualche giorno fa...	until a few days ago...

II. In Section Two of this Unit, you will learn to describe and express personal feelings about people and places in the past.

A. Read the following selection, and then answer the questions.

Al camping

Quando ero ragazzo aspettavo sempre l'estate. I miei genitori organizzavano il campeggio estivo in montagna, vicino al lago.

In città c'era sempre molta gente e faceva molto caldo. Noi ragazzi aprivamo gli idranti. Giocavamo con l'acqua e la strada sembrava un fiume. Ogni tanto arrivava la macchina della polizia e noi scappavamo.

Mio padre e mia madre insegnavano ed erano liberi durante i mesi estivi. Essi facevano da capigruppo. I miei amici ed io, appena finiva la scuola, preparavamo le tende, i sacchi a pelo, i canotti e le canne da pesca. Partivamo con il camper cantando e ridendo felici. Ogni tanto ci fermavamo per strada per far benzina o per mangiare.

Al camping, ognuno di noi sapeva quello che doveva fare. Alcuni preparavano la tenda ed altri accendevano il fuoco per il bivacco. Che bellezza!

Potevamo andare in barca. Correvamo nel bosco. Andavamo a cavallo e imparavamo a rispettare la natura. A sera cantavamo attorno al fuoco oppure ascoltavamo le storie di avventure di indiani, di esploratori e di cowboys. La vita era bella e noi eravamo felici.

Domande

1. Chi organizzava il campeggio?
2. In quale stagione dell'anno organizzavano il campeggio?
3. Dove andavano?
4. Perchè i ragazzi aprivano gli idranti in città?
5. Che cosa succedeva quando arrivavano i poliziotti?
6. Quale era la professione dei genitori?
7. Quando preparavano le tende?
8. Tutti facevano la stessa cosa al camping?
9. Come passavano il tempo al camping?
10. Perchè, a sera, tutti erano felici?

Domande personali

11. Le piace andare al camping?
12. Rispetta lei la natura?
13. Porta gli amici quando organizza il campeggio estivo?
14. Le piace di più fare il campeggio d'estate o d'inverno?
15. Come passa il tempo al campeggio?

Parole utili

bivacco, il (*pl* **bivacchi, i**)	camp
campeggio estivo, il	summer camp
canna da pesca, la	fishing pole
canotto, il	canoe
capogruppo, il	group leader
fiume, il	river
insegnare	to teach
libero/a	free
ogni tanto	once in a while
sacco a pelo, il	sleeping bag
scappare	to run away

Espressioni utili

far benzina   to gas up

B. Read the selection, and then do the activity.

Quando la mia famiglia ed io andavamo in vacanza, lasciavamo alle spalle il Ponte, il George Washington Bridge, e attraversavamo il New Jersey. Dopo due ore di macchina raggiungevamo il Delaware Water Gap in Pennsylvania. Per noi era come entrare in un mondo da esplorare e da scoprire.

Amavamo la città, ma adoravamo la campagna.

La città offriva molto: teatri, librerie, biblioteche, negozi e centri sportivi. La campagna invece offriva l'aria pura, il profumo dei fiori e l'incontro con gli animali dei boschi.

Era facile dimenticare il piccolo appartamento monocamera, con cucina e salottino che avevamo in città. Lì ero prigioniero dello spazio. In campagna invece potevo correre, potevo osservare il cielo azzurro ed ero libero. Avevo tutto lo spazio che volevo!

Il papà e la mamma guidavano fra le montagne della Pennsylvania. Ormai noi conoscevamo molti posti. Affittavamo i canotti per andare sul lago d'estate e gli sci per andare a sciare d'inverno.

Spesso ci fermavamo ad osservare i cervi che mangiavano l'erba dei prati. Ogni tanto ascoltavamo il canto degli uccelli selvatici e correvamo dietro alle lepri.

Mi piaceva molto la gente del luogo perchè era affabile.

For each of the following answers, write an appropriate question:

1. Lasciavano alle spalle il Ponte, il George Washington Bridge.
2. Attraversavano lo Stato del New Jersey.
3. Dopo due ore raggiungevano il Delaware Water Gap.
4. La campagna offriva l'aria pura e l'incontro con gli animali del bosco.
5. Il ragazzo era prigioniero dello spazio in città.
6. Andavano sul lago con i canotti.
7. Andavano a sciare d'inverno.
8. I cervi mangiavano l'erba dei prati.
9. La gente del luogo era affabile.

Parole utili

affabile	amiable	**lepre, il/la**	hare
attraversare	to pass through	**libreria, la**	bookstore
biblioteca, la	library	**prato, il**	meadow
bosco, il		**prigioniero, il**	prisoner
(*pl* **boschi, i**)	forest	**scoprire**	to explore
cervo, il	deer	**selvatico/a**	wild
erba, l'	grass		

Espressioni utili

lasciare alle spalle   to leave behind

C. In the charts below, Barbara Grande describes the neighborhood where she used to live in Pittsburgh, Pennsylvania. Look at the charts and make an oral presentation based on them to the class.

Begin by saying: «*Barbara Grande abitava a Pittsburgh, nel quartiere Bloomfield...*»

La città ed il quartiere

Nome	Pittsburgh, (nel quartiere Bloomfield)
Anno	1980
Popolazione italo-americana del quartiere	4000+
Luoghi d'origine	Abruzzi, Calabria e Sicilia
Attività lavorative	Costruzioni, ristoranti, panetterie e pasticcerie
Mezzi di trasporto	Automobili, taxi, autobus

La casa

Località:	Vicino alla Banca Nazionale
Esterno della casa:	Mattoni; ad una famiglia
Interno della casa:	3 camere da letto, salotto, bagno e cucina
Davanti alla casa:	Il pergolato del giardino con alberi
Dietro la casa:	L'orto con pomodori, cipolle e peperoni

Parole utili

albero, l'	tree
attività lavorativa, la	work activity
esterno, l'	exterior, outside
giardino, il	garden, backyard
interno, l'	interior, inside
luogo d'origine, il	place of origin
mattone, il	brick
mezzo di trasporto, il	means of transportation
orto, l'	vegetable garden, backyard
pergolato, il	a pleasant shaded place beneath a trellis

D. Last year you visited the Italian island of Capri. Friends of the family are planning to go there. They ask you questions about the place where you stayed. Look at the description chart of the Albergo Hotel to answer their questions.

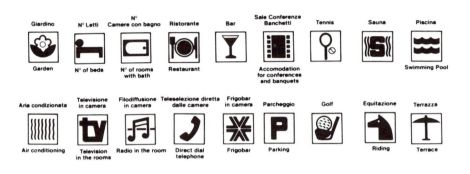

Albergo—Hotel di 1ª categoria

Camere lussuose con moquette. Aria condizionata, riscaldamento invernale, bagno privato, televisione a colori e frigo-bar in ogni camera. Bar, ristorante e dancing. Piscina coperta, solarium e sauna. Boutique e parrucchiere per signora. Parco giochi per bambini e baby-sitter. Campi da tennis e palla a muro. Garage. Veduta spiaggia e oceano.

Domande

1. Di che categoria era l'Albergo?
2. Perchè le camere erano lussuose?
3. Che cos'altro c'era in ogni camera?
4. Poteva la gente mangiare nell'Albergo? Perchè?
5. Dove andavano a nuotare i clienti dell'Albergo?
6. Che cosa aveva l'Albergo per i bambini?
7. Potevano fare dello sport i clienti?
8. Dove parcheggiavano le macchine i clienti?
9. C'era anche la veduta delle montagne?

Domande personali

10. Preferisce andare in un albergo di lusso, una pensione o in un ostello per giovani quando viaggia?
11. Quando fa la prenotazione scrive o telefona all'hotel?
12. Paga lei in contanti o usa la carta di credito?

Parole utili

lussuoso/a	luxurious	**parrucchiere, il**	hairdresser
moquette, la	wall-to-wall carpet	**piscina, la**	swimming pool
palla a muro, la	handball	**solarium, il**	solarium
parco giochi, il	playground	**veduta, la**	view

E. You are back in town from your summer vacation in California. You cannot stop talking about a date you had.

«Poteva avere 16 o 17 anni. Era biondo/a. Aveva i capelli lunghi e gli occhi castani. Era carino/a e con un sorriso affascinante. Mi piaceva molto come parlava, ballava e diceva "Ciao!"»

Now describe a person you met or used to know. You may use the following words and expressions or you may add your own.

Aveva i capelli	biondi. castani. corti. lunghi. lisci. neri. ondulati. ricci.	Aveva gli occhi	castani. celesti. feroci. furbi. gioiosi. neri. tristi. verdi.

Era una persona	antipatica. bella. brutta. burlona. imbecille. musone. simpatica.	Era un tipo	furbo. intelligente. malizioso. noioso. sciupone. stupido. tirchio.

Era	alto/a. basso/a cicciuto/a. magro/a. robusto/a. snello/a. spilungone/a. trippone/a.	Era	chiacchierone/a. pettegolo/a. taciturno/a.

Note: See the Vocabulary section at the back of this book for the meaning of the above words.

Riepilogando

1. Describing habitual or repeated actions in the past:

   Che cosa faceva dove lavorava?
   Telefonavo ai clienti; presentavo i nuovi prodotti; dimostravo come usare i computers.

2. Describing places in the past:

   Dove abitava?
   Abitavo a Cassino, una piccola città del Lazio nella provincia di Frosinone.

3. Describing people in the past:

   Poteva avere 16 o 17 anni. Era biondo. Aveva i capelli lunghi e gli occhi castani.

4. Espressioni utili:

Ci telefonavamo.	We called each other.
Come fai ad adattarti?	How do you adapt yourself?
È interessato in...	You are interested in...
fino a qualche giorno fa...	until a few days ago...
Ha esperienza in questo campo?	Do you have any experience in this field?
Lei è interessato/a in questo posto?	Are you interested in this position/job?
Mi piaceva vivere al paese.	I liked to live in my hometown.
portare i capelli a coda di cavallo	to have a ponytail
Ti vedevo.	I saw you., I used to see you.

Specchio Riassuntivo

1.

	lavor-are	discut-ere	apr-ire
(Io)	lavor-avo	discut-evo	apr-ivo
(Tu)	avi	evi	ivi
(Lui, Lei)	ava	eva	iva
(Noi)	avamo	evamo	ivamo
(Voi)	avate	evate	ivate
(Loro)	avano	evano	ivano

2. avere

	io	avevo
	tu	avevi
Quali benefici aveva?	lui, lei	aveva
Avevo due settimane di vacanza.	noi	avevamo
	voi	avevate
	loro	avevano

3. essere

Che tipo era? Ero una sognatrice.	io tu lui, lei noi voi loro	ero eri era eravamo eravate erano

4. fare

Che cosa faceva lei? Facevo molto lavoro.	io tu lui, lei noi voi loro	facevo facevi faceva facevamo facevate facevano

16 Ancora non mi ha scritto nessuno

I. In Section One of this Unit, you will practice providing and obtaining information about recent events, facts, needs, and opinions.

A. Read the following interview in which people talk about how they achieved success.

TOPIC   Recent events
SITUATION   Interaction with TV interviewer
PURPOSE   To provide and obtain information and express personal feelings
               about recent success in life

INTERVISTATORE Che cosa hai fatto per avere successo nella vita?

MARIA Ho lavorato molto.

ALDO Ho creduto in me stesso.

ELENA Ho avuto una meta stabilita da raggiungere.

STEFANO Ho approfittato del momento opportuno.

INTERVISTATORE Quali qualità ti hanno aiutato ad avere successo?

MARIA La motivazione! Ho sempre imparato tutto.

ALDO Ho avuto fiducia in me stesso e nelle mie qualità.

ELENA Ho instillato in me stessa il concetto che è meglio lavorare con la gente.

STEFANO Ho avuto molta pazienza e tanta disciplina.

INTERVISTATORE Ma avete anche avuto qualche problema, no?

MARIA Sì però sono stata forte anche quando sono stata messa alla porta.

ALDO Ostacoli e insuccessi fanno parte di ogni carriera. Ma io ho sempre avuto fiducia in me stesso.

ELENA Sono stata flessibile nelle mie decisioni ed ho risolto i miei problemi.

STEFANO Ho avuto problemi, ma ho avuto una disposizione positiva per il lavoro. Ho creduto in me stesso e gli altri hanno creduto in me.

Domande
1. Quale domanda ha fatto l'intervistatore a Maria, Aldo, Elena e Stefano?
2. Che cosa ha aiutato Aldo ad avere successo?
3. Chi ha avuto molta pazienza?
4. Che cosa ha fatto Maria quando ha avuto problemi?
5. Come ha risolto Elena i suoi problemi?

Domande personali
6. Che cosa hai fatto per avere successo a scuola?
7. Quali qualità ti hanno aiutato?
8. Hai mai avuto qualche problema con i professori?

Parole utili
approfittare	to take advantage of
fiducia, la	confidence
instillare	to instill, to inculcate
opportuno/a	right, appropriate

Espressioni utili
avere successo	to be successful
Ho creduto in me stesso.	I (have) believed in myself.
Ho avuto fiducia nelle mie qualità.	I (have) trusted my qualities.
Ho avuto molta pazienza.	I have been very patient.
mettere alla porta	to kick out

B. You finally received the first letter from your Italian pen pal. Your teacher decided to read it to the class.

Venezia, 16 ottobre 19____

Cara Patrizia,

Come stai? Spero bene. Anch'io sto bene.

Ho ricevuto la tua lettera. L'ho fatta subito vedere agli amici. Sono stato il primo del gruppo a ricevere una lettera da una coetanea che vive in un altro paese. Abbiamo iniziato questa corrispondenza quasi per gioco e per far contenta la nostra professoressa, ma adesso tutti aspettiamo di ricevere lettere.

Leggendo il tuo biglietto ho fatto un viaggio immaginario nella tua città. Ho trovato un vecchio fumetto ed ho pensato subito ai cowboys, agli indiani e alle praterie del Far West. Poi mi sono seduto in salotto, ho chiuso gli occhi e sono venuto negli Stati Uniti. Ho visto le città piene di gente ed ho visitato in un batter d'occhio il tuo meraviglioso paese.

I miei amici hanno studiato la tua calligrafia ed hanno stabilito che tu hai un carattere forte e dolce. Tu hai sempre studiato molto la musica e la letteratura e come me hai sempre avuto la passione della bicicletta.

Scrivimi subito e parlami ancora di te. Ti mando una fotografia mia... Ti piace?

Affettuosamente,
Robertino

Domande

1. Da quale città italiana ha scritto Robertino?
2. Che cosa ha ricevuto Roberto da Patrizia?
3. Chi ha visto subito la lettera?
4. Come è stata iniziata la corrispondenza?
5. Che cosa ha fatto Robertino leggendo il biglietto?
6. Perchè ha pensato ai cowboys?
7. Ha visitato il paese piano piano?
8. Robertino o Patrizia ha un carattere forte e dolce?

9. Quali materie ha sempre studiato Patrizia?
10. Che cosa ha mandato Robertino a Patrizia?

Domande personali

11. Hai scritto a un/a amico/a di un'altra nazione?
12. Hai mai ricevuto una fotografia da un/a amico/a?
13. Hai studiato la personalità dei tuoi amici?

Parole utili

abbassare	to lower	**fumetto, il**	comic book
anch'io	I also/me too	**prateria, la**	prairie
coetaneo/a	of the same age		

Espressioni utili

in un batter d'occhio	in the blink of an eye
per far contento/a	to make happy
quasi per gioco	almost as a joke

C. Read the following dialogue, and then answer the questions.

TOPIC   Leisure time
SITUATION   Informal conversation with peers
PURPOSE   To express personal feelings

GINA Ciao! Che cosa hai fatto questo weekend?

RITA Sono andata via.

GINA Da sola?

RITA È stata una gita fantastica!

GINA Dimmi! Raccontami!

RITA Siamo partiti di buon mattino con la macchina ...

GINA Con chi?

RITA Non importa. Abbiamo attraversato vari Stati del Middle West.

GINA Perchè?

RITA Questa è la stagione autunnale! Le foglie degli alberi hanno cambiato colore.

GINA Dove siete stati?

RITA Abbiamo fatto il camping. Abbiamo ammirato la natura in tutta la sua bellezza. Quanti colori!

Domande

1. Chi sono i personaggi del dialogo?
2. Che cosa ha fatto Rita il weekend?
3. È andata in treno?
4. Quanti Stati ha attraversato?
5. Che ha cambiato colore? Perchè?
6. Dove sono stati?
7. Hanno ammirato la natura?

Domande personali

8. Dove è andato/a lei questo weekend?
9. Ha lei visitato gli Stati del Middle West?

Parole utili

andare via	to go away
gita, la	trip

Espressioni utili

Non importa!	It doesn't matter!
partire di buon mattino	to leave early in the morning

II. In Section Two of this Unit, you will have more practice talking about recent trends and events. You will also learn to make comparisons.

A. Two weeks before elections, the mayor of a big American city was invited to speak before an Italian culture club.

MODERATORE Signor Sindaco, ci descriva un po' la città così come la vede lei.

SINDACO La nostra città è tanto bella quanto interessante. Oggi è più dinamica di ieri. Abbiamo i migliori cittadini del mondo: italiani, spagnoli, francesi, cinesi, ebrei, afro-americani, tedeschi ed altri.

MODERATORE Signor Sindaco, tutti i gruppi etnici hanno contribuito al progresso della città, nevvero?

SINDACO Certamente!

MODERATORE Secondo lei, gli Italo-Americani, come hanno contribuito allo sviluppo di questa città?

SINDACO Hanno lavorato. Gli Italo-Americani hanno dimostrato di essere cittadini laboriosi in qualsiasi campo.

MODERATORE Dopo quattro anni di amministrazione, il tenore di vita in questa città è migliore o peggiore?

SINDACO Migliore! La città è più pulita. È più sicura e ci sono più posti di lavoro.

MODERATORE Che cosa offre lei ai giovani elettori?

SINDACO Sono stato sempre onesto. Non ho mai fatto promesse che non ho potuto mantenere, perciò offro a tutti la possibilità di realizzare i propri sogni attraverso lo studio, l'impegno e il lavoro.

Domande

1. Quanti sono i personaggi del dialogo?
2. Che cosa descrive il sindaco?
3. Come la descrive?
4. C'è vita in questa città?
5. Chi ha contribuito al progresso della città?
6. Come hanno contribuito gli Italo-Americani?
7. Che cosa hanno dimostrato di essere gli Italo-Americani?
8. Il tenore di vita è migliore o peggiore, secondo il sindaco? Perchè?
9. Che cosa offre ai giovani lettori?

Domande personali

10. Come si chiama il sindaco della sua città?
11. Com'è la sua città?
12. Ci sono Italo-Americani nella sua città?

Parole utili

attraverso	through, by	**migliore**	better
descrivere	to describe	**migliore, il**	the best
elettore, l' (*m*)	elector	**sviluppo, lo**	development,
laborioso/a	hardworking		growth

Espressioni utili

secondo lei...	in your opinion...
il tenore di vita	the quality of life
in qualsiasi campo	in every field
Nevvero?	Haven't they?
più...di	more...than
realizzare i propri sogni	to make (their) dreams a reality

B. Read the following selection, and then answer the questions.

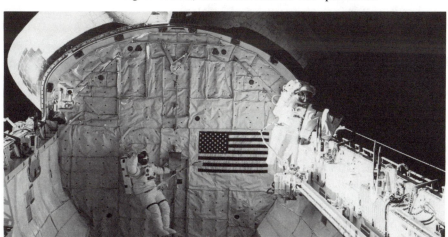

Che cos'è l'America? È una grande nazione. Essa ha dato e continua a dare a tutti la più grande possibilità di realizzare i propri sogni. In questa terra la gente ha scoperto che anche i sogni più strani, i sogni più proibiti sono spesso diventati realtà.

L'America è una storia di successo: la più recente e la più incredibile.

L'America sfida il suo popolo al successo più di ogni altra nazione al mondo. E l'Americano ha imparato la sua lezione. Lavorando duro ha costruito i grattacieli più alti del mondo; ha dato vita alle città più moderne; ha raggiunto un altissimo grado di perfezione tecnologica ed ha conquistato l'ultima e la più nuova frontiera: lo spazio.

L'America è una nazione giovane. Essa ha dato al suo popolo libertà ed opportunità. Il popolo americano è un popolo molto orgoglioso, pieno di entusiasmo e di vita. È il popolo più generoso del mondo ed ha sempre aiutato i meno fortunati, i più deboli ed i più poveri della terra.

Domande

1. Che cos'è l'America?
2. Che cosa ha dato e continua a dare a tutti?
3. Chi ha scoperto che anche i sogni più strani sono diventati realtà?
4. È l'America una vecchia storia di successo?
5. L'America sfida il suo popolo al successo meno di ogni altra nazione?
6. Come ha l'Americano imparato la sua lezione?
7. Quali sono le costruzioni più alte del mondo?
8. In quale campo l'America ha raggiunto un grandissimo grado di perfezione?
9. Quali cose ha l'America dato al suo popolo?
10. Perchè il popolo americano è il più generoso del mondo?

Parole utili

debole	weak	**sfidare**	to challenge
duro/a	hard		

Espressioni utili

dare vita	to build	**i più strani**	the strangest
i meno	the least	**la più recente**	the most recent
i più proibiti	the most forbidden	**più di...**	more than...

C. Antonio Capobianco has just returned home after having spent a year in Italy. His friends want to hear about his experience there. Read the paragraphs below.

Sono andato a Firenze. Ho passato un anno lontano da casa. Questa è stata un'esperienza favolosa per me. Mi ha permesso d'incontrare gente diversa, d'imparare a parlare meglio l'italiano e di apprezzare di più i miei genitori.

Per la prima volta ho dovuto vivere con una famiglia che non era la mia. Ho capito subito che mio padre e mia madre hanno fatto l'impossibile per darmi un'educazione. Mio padre non è così severo come il Signor Broccoli che mi ha ospitato. Mio padre è tanto comprensivo quanto severo. La mia mamma poi è la migliore di tutte. Nessuna sa cucinare meglio di lei e nessuna è più bella, più simpatica e più amabile di lei.

Ho avuto la libertà di fare amicizie nuove, di uscire quando mi pareva, di visitare luoghi diversi e di partecipare alle feste locali. Naturalmente ho dovuto fare a meno di tante cose a cui ero abituato in America. La cosa più difficile è stata abituarmi all'orario, agli scioperi a singhiozzo e al mangiare. In Italia mangiano più tardi che da noi e sedersi a tavola è tutta una cerimonia. Mi sono divertito molto e ho preso tanto sole. Sono andato spesso alla spiaggia e ho sognato sotto il cielo stellato italiano!.

Tell the rest of the class about Antonio's experience abroad. Begin your narrative by saying: «*Antonio ha passato un anno all'estero. È andato...*»

Parole utili

abituarsi	to get used to	**lontano/a da**	away from
comprensivo/a	understanding	**ospitare**	to host
dovere	to have to	**permettere**	to allow
favoloso/a	fantastic, fabulous	**tardi**	late

Espressioni utili

a cui	to which/whom	**così...come**	as...as
quando mi pareva	whenever I liked it	**fare a meno**	to do without

D. Complete the following dialogue.

TOPIC	A study program abroad
SITUATION	To interact with another student
PURPOSE	To convince others to adopt a course of action

AMICO/A Dove sei andato/a il semestre passato?

TU *(Indicate that you went to study abroad.)*

AMICO/A Ah, sei andato/a a studiare all'estero! E perchè?

TU *(Tell him/her that you wanted to improve your speaking ability.)*

AMICO/A Ma puoi usare le cassette, no?

TU *(Say that you needed to feel, speak, and act like an Italian.)*

AMICO/A Forse hai ragione. Ma che cosa hai imparato?

TU *(Say that you don't have an accent anymore and you have improved your vocabulary.)*

AMICO/A E muovi anche le mani quando parli?

TU *(Express your opinion.)*

Parole utili

muovere	to move	**semestre passato, il**	last term

E. Study the following sets of pictures, and then tell the class about your real (or imaginary) travel experience in Italy. Speak about the new things you have liked, seen, and learned—and the things you have missed from home.

You may either complete the following expressions or think of any other appropriate ones.

Sono andato/a in _____

Ho abitato con _____

Ho visitato _____

Mi è piaciuto _____

Ho incontrato _____

Mi è mancato/a _____

F. Situations: Give an appropriate response for each of the following situations.

1. You have become a successful businessperson. One of your workers asks you a question about your career.

   L'OPERAIO/A: Che cosa ha fatto per avere succeso nella vita?

   TU RISPONDI: _____

2. You have eaten every zeppola di San Giuseppe that your mother has just brought home from the Pastry Shop.

   LA MAMMA: Accipicchia! Ti sei mangiato tutte le zeppole!

   TU: _____

3. In your Italian class.

   UNO STUDENTE: Hai ricevuto la lettera dal tuo «amico per corrispondenza?»

   TU: _____

4. You have just arrived at the airport. The flight is going to be late.

   LA MAMMA: A che ora è partito l'aereo da Roma?

   TU: _____

5. You are in Italy. A person you have just met asks you about your country.

   L'ITALIANO: È vero che in America ci sono i grattacieli più alti del mondo?

   TU: _____

G. Writing Tasks

PART A—LISTS: For each of the four topics below, write a list of four items in Italian.

1. Your school is emphasizing the theme of "success." In Italian, list four things that you have done to be successful.

2. Lately there has been a streak of nastiness in your behavior towards your friends. In Italian, list four annoying things that you have done.

3. You have just returned from a trip to Italy. In Italian, list four positive things that you experienced there.

4. You have visited several states by car. In Italian, list four things that impressed you the most.

PART B—NOTES: Write a note of three sentences for each of the tasks below.

1. You have just received a telephone call from your sweetheart in Italy. In Italian, write him/her a note explaining your personal feelings.

2. You are very fond of your city. In Italian, write a note to the mayor explaining why you think the city is interesting.

3. An acquaintance of yours made a derogatory remark about your country. In Italian, write him/her a note and try to convince him/her that your country is great.

Riepilogando

1. Providing and obtaining information about recent events, facts, needs, and opinions:

   Che cosa hai fatto per avere successo nella vita?
   Ho lavorato molto.

   Hai ricevuto la lettera dall'«amico/a per corrispondenza»?
   Sì, l'ho ricevuta ieri.

   Che cosa hai fatto questo weekend?
   Sono andato/a al camping.

   Secondo lei, il tenore di vita in questa città è migliore o peggiore?
   È migliore.

2. Expressing comparisons:

   Com'è tuo padre?
   È tanto comprensivo quanto severo.

   Gli Americani hanno costruito i grattacieli più alti del mondo.

3. **Espressioni utili:**

Che cosa hai fatto questo weekend?	What (have you done) did you do this weekend?
Con chi sei andato/a?	With whom (have you gone) did you go?
È stata un'esperienza favolosa per me.	It has been a great experience for me.
Forse hai ragione.	Maybe you are right.
Ho avuto fiducia in me stesso.	I (have had) had confidence in myself.
Ho avuto fiducia nelle mie qualità.	I (have) trusted my qualities.
Ho avuto molta pazienza.	I have been very patient.
Ho creduto in me stesso/a.	I (have) believed in myself.
Ho avuto problemi.	I (have had) had problems.
in un batter d'occhio	in the blink of an eye
Non importa!	It doesn't matter!
secondo lei...	in your opinion...

Specchio Riassuntivo

1.

(Io)	ho		
(Tu)	hai		
(Lui, Lei)	ha	(-*are*)	lavorato molto.
(Noi)	abbiamo	(-*ere*)	ricevuto una lettera.
(Voi)	avete	(-*ire*)	capito la lezione
(loro)	hanno		

2.

(Io)	sono	(-*are*)	andato/a	in treno.
(Tu)	sei	(-*ere*)	caduto/a	per terra.
(Lui, Lei)	è	(-*ire*)	partito/a	alle otto.
(Noi)	siamo	(-*are*)	andati/e	in treno.
(Voi)	siete	(-*ere*)	caduti/e	per terra.
(Loro)	sono	(-*ire*)	partiti/e	alle otto.

Italian-English Vocabulary

A

a at

abbaiare to bark

abbastanza enough

abbellire to embellish, to beautify

abbracciarsi to hug

abitare to live

abito, l' *(m)* suit, dress

  abiti, gli clothes

abituarsi to get used to

accadere to happen

accanto a near

accendere to light

  accendere il fuoco to light up the fire

  accendere la radio to turn on the radio

accettare to accept

  accettato/a accepted

Accipicchia! Darn it!

accomodarsi to make oneself comfortable

  Si accomodi! Make yourself comfortable!

accompagnare to accompany

accordo, l' *(m)* agreement

  D'accordo? Do you agree?

accorrere to rush, to hasten

aceto, l' *(m)* vinegar

acqua, l' *(f)* water

  l' acqua minerale ghiacciata cold mineral water

adattarsi to adapt oneself, to adjust oneself

  Come fai ad adattarti a quello? How do you adapt yourself to that?

addestrato/a trained

adesso now

adorare to adore, to worship

aereo, l' *(m)* airplane

affabile amiable

affamato/a hungry

affascinante enchanting, charming

afferrare to grab

affettare to slice

affettuosamente affectionately, fondly

affittare to rent

affollare to crowd

agente di viaggi, l' *(m or f)* travel agent

aggiungere to add

agli to the

  agli studenti to the students

aglio, l' *(m) (pl gli agli)* garlic

agosto August

agricoltore, l' *(m)* farmer

agricoltrice, l' *(f)* farmer (woman)

aiutante, l' *(m or f)* helper

aiutare to help

ala, l' *(f) (pl le ali)* wing

alba, l' *(f)* dawn

albergo, l' *(m)* *(pl* **gli alberghi***)*
hotel
algebra, l' *(f)* algebra
alimentari, generi, i *(m pl)* food
allarme, l' *(m)* alarm
allegria, l' *(f)* happiness
allenatore, l' *(m)* coach
allenatrice, l' *(f)* coach (woman)
allergia, l' *(f)* allergy
allora well, then
allungare to stretch out
  allungare le mani to touch
  allungarsi to stretch, to grow
  longer
almeno at least
alto/a tall, high
altro/a other
altruista, l' *(m or f),* *(pl* **gli/le
  altruisti/e***)* altruist, unselfish
  person
alzare to remove, to pick up, to
  lift
  alzare il volume to raise the
  volume
  alzarsi to get up
amante loving, fond of
amante, l' *(m or f)* lover
amare to love
amaro/a bitter
ambiente, l' *(m)* environment
amica, l' *(f),* *(pl* **le amiche***)*
  friend
amico, l' *(m),* *(pl* **gli amici***)*
  friend
ammaccato/a crushed
ammobiliato/a furnished
anche also
  non solo...ma anche not
  only...but also
ancheggiare to waddle
ancora still
andare to go
  andare in giro to stroll
  around, to cruise

andare in taxi to go by cab
andare in vacanza to go on
  vacation
andare su tutte le furie to go
  ape
Come va? How are you?
Ma va! You must be kidding!
Vada a piedi. Walk.
Vada diritto. Go straight
  ahead.
animale, l' *(m)* animal
  gli animali selvatici wildlife
anitra, l' *(f)* duck
anno, l' *(m)* year
  l'anno scorso last year
annoiare to annoy, to bother
annullare to cancel
annunciatore, l' *(m)* announcer
  l' annunciatore radiofonico
  radio announcer
annunciatrice, l' *(f)* announcer
  (woman)
annunziare to announce
antipatico/a *(pl* **antipatici/
  antipatiche***)* unpleasant
aperitivo, l' *(m)* aperitif
apertura, l' *(f)* opening
apparecchio a gettoni, l' *(m)* pay
  phone
apparire to appear
appartamentino, l' *(m)* a little
  apartment
appena as soon as
appetito, l' *(m)* appetite
  Buon Appetito! *(m)* Enjoy
  your food!
apprezzare to appreciate
appuntamento, l' *(m)* appointment
aprile April
aprire to open
aragosta, l' *(f)* lobster
  l' aragosta lessata boiled
  lobster

arancia, l' *(f) (pl* **le arance)**
  orange
architettura, l' *(f)* architecture
arcobaleno, l' *(m)* rainbow
aria condizionata, l' *(f)* air
  conditioning
armadietto, l' *(m)* cabinet
arrabbiato/a angry
arrestare to arrest
arricchire to enrich
arrivare to arrive
arrivederla see you, good-bye
ascensore, l' *(m)* elevator
asciugare to dry out
aspettare to wait
aspetto, l' *(m)* look, appearance
  dall'aspetto feroce with a
    ferocious look
aspirazione, l' *(f)* aspiration,
  yearning
aspirina, l' *(f)* aspirin
assicurazione, l' *(f)* insurance
  l'assicurazione personale
    personal accident and
    medical insurance
assistenza, l' *(f)* assistance, help
  l' assistenza medica medical
    benefits
atleta, l' *(m or f) (pl* **gli atleti/le**
  atlete*)* athlete
attendere to wait
attirare to attract, to catch one's
  attention
attitudine, l' *(f)* disposition,
  attitude
attore, l' *(m)* actor
attorno around
attraente attractive
attraversare to cross, to go
  through
attrice, l' *(f)* actress
aumentare to increase
australiano/a Australian

autista, l' *(m or f), (pl* **gli autisti/**
  le autiste*)* driver
automobilismo, l' *(m)* car racing
autunno, l' *(m)* autumn, fall
avere to have
  avere bisogno di to need
  avere fame to be hungry
  avere paura di to be afraid to
  avere sete to be thirsty
  Ho avuto una paura matta. I
    was scared to death.
avvocatessa, l' *(f)* lawyer
  (woman)
avvocato, l' lawyer
azzurro/a blue

B

babbo, il daddy
baccalà, il codfish
baffo, il mustache
bagaglio culturale, il cultural
  background
balbettare to stutter
ballare to dance
balletto, il ballet
bambina, la child (female)
bambino, il child
  da bambino/a when (I was) a
    child
banca, la *(pl* **le banche***)* bank
banchiere, il banker
bandiera, la flag
barba, la beard
barbiere, il barber
barca, la *(pl* **le barche***)* boat
basso/a short
battere to beat
battuta, la hit, punch line
bedda-bella beautiful (in Sicily)
bellissimo/a very beautiful
bello/a beautiful
bene well
  Va bene? Is it OK?

beneficio, il *(pl* **i benefici***)* benefit
benessere, il well-being, comfort, prosperity
benissimo very well
benvenuto/a welcome
benzina, la gasoline
    la benzina normale regular gasoline
    la benzina super premium gasoline
bere to drink
bianco/a *(pl* **bianchi/bianche)** white
biblioteca, la *(pl* **le biblioteche***)* library
bicchiere, il drinking glass
biglietteria, la ticket window
biglietto, il ticket
biologia, la biology
biondo/a blond
birra, la beer
bisognare to be necessary, to have to, must
bisogno, il need
bistecca, la *(pl* **le bistecche***)* beefsteak
    la bistecca ai ferri grilled steak
bisturi, il scalpel
bivacco, il *(pl* **i bivacchi***)* campfire
bocciare to fail
bollicina, la bubble
bombardare to bombard
bordo, il board
borsa, la bag
    la borsa di studio scholarship
bosco, il *(pl* **i boschi***)* forest, woods
botteghino, il lottery betting shop
bottiglia, la bottle
boutique, la boutique
braccio, il *(pl* **le braccia***)* arm
bravo/a good

breve short
    un breve suono (di telefono) a short buzz
brodeto, il broth (Venetian style)
brunetta, la brunette
bruno/a dark, brunette
brutto/a ugly
buffone, il clown
buono, il bond, coupon
burlona, la teaser, joker
burlone, il teaser, joker

C

C.A.P. (Codice d'Avviamento Postale), il ZIP code
C.I. (Carta d'Identità), la identification card
cabina telefonica, la telephone booth
caccia, la hunting
cadere to fall
calcio, il *(pl* **i calci***)* kick, soccer
calcolare to calculate, to compute
caldo/a hot
calligrafia, la handwriting
calmo/a calm
calzaturificio, il *(pl* **i calzaturifici***)* shoe store
calzino, il sock
cambiare to change
cambio, il change, gear
    il cambio automatico automatic shift
camera, la room
    la camera da letto bedroom
cameriera, la waitress
cameriere, il waiter
camicia, la *(pl* **le camicie***)* shirt
camminare to walk
    È da molto che cammino. I have been walking for a while.

campagna, la   country
campana, la   bell
Campari   an Italian drink
campeggio estivo, il   summer
camp
campionato, il   championship
campione, il   champion
canale, il   canal, TV channel
cancellare   to erase, to cancel
Tu devi cancellare un appuntamento.   You have to call
off an appointment.
candela, la   candle
cane, il   dog
canna da pesca, la   fishing pole
canotto, il   canoe
cantante, il/la   singer
cantare   to sing
canto, il   singing
canzone, la   song
capacità, la   ability
capello, il   hair
Ho i capelli neri.   I have dark
hair.
capire   to understand
Non capisco un'acca.   I don't
understand anything.
capitale, la   capital city
capitare   to happen
Càpita tutto a me!   Everything
happens to me!
capodanno, il   New Year's Day
capogiro, il   (fit of) dizziness
capogruppo, il   group leader
capolinea, il   terminal station
cappotto, il   coat
carattere cubitale, il   very large
letter
carino/a   good-looking, nice,
cute
carismatico/a (pl carismatici,
carismatiche)   charismatic
carità, la   charity

Per carità!   For goodness'
sake!
carota, la   carrot
carrettiere, il   carter
carriera, la   career
carta, la   paper
la carta d'identità   identification card
la carta di credito   credit card
la carta verde   the (alien) green
card
casalinga, la (pl le casalinghe)
housewife
Casanova   ladies' man
cascata, la   waterfall
castano/a   brown, chestnut
categoria, la   class, category
l'albergo di prima categoria
first-class hotel
catena, la   chain
cavallo, il   horse
le gite a cavallo   horseback
riding
ceffone, il   slap in the face
celeste   sky blue, light blue
cena, la   supper
cenare   to have supper
centesimo, il   cent
cento   one hundred
centro, il   center
cercare   to look for
cercare di   to try to
cerimonia, la   ceremony
certamente   certainly
certificato, il   certificate
il certificato di nascita   birth
certificate
il certificato di residenza
residency certificate
cervo, il   deer
cespuglio, il   bush
cestino, il   wastebasket
cetriolo, il   cucumber
che   that, which

chi who
Con chi? With whom?
chiacchierone, il chatterer,
chatterbox
chiamare to call
chiamarsi to be called
chiamata, la call
le chiamate intercontinentali
overseas calls
le chiamate in teleselezione
long-distance calls
le chiamate interurbane long-
distance calls
le chiamate urbane local calls
chiaro/a clear
chiave, la key
chiudere la porta a chiave to
lock the door
chiedere to ask
chiedere l'elemosina to beg
Le chiede. He/She asks you
(polite).
Ti chiede. He/She asks you
(familiar).
Ti chiedo perdono. I beg you
to forgive me.
chiesa, la church
chilo, il kilogram
chilometro, il kilometer
chimica, la chemistry
chissà! Who knows!, I wonder!
chitarra, la guitar
chiudere to close
chiudere occhio to sleep
chiunque who(m)ever, anyone
ci *(adverb)* there
ci *(pronoun)* us
ciao hi, hello, good-bye
cibo, il food
cicciuto/a fatty
ciclismo, il cycling
ciclista, il bike rider, cyclist
cielo, il sky
cinese, il Chinese

cinquecento five hundred
cintura, la belt
cipolla, la onion
cipresso, il cypress
circolo sportivo, il sport club
cittadino, il citizen
città, la city
cliente, il customer, client
clinica ortopedica, la orthopedic
clinic
coda, la tail
cognome, il last name
collana, la necklace
colle, il hill
collezionare to collect
collezione, la collection
collina, la hill
collo, il neck
colore, il color
colpa, la fault
Non è colpa mia. It's not my
fault.
coltivare cultivate
Come? What?, How's that?
commerciante, il businessperson
commissione, la commission
compagno, il *(f* **la compagna***)*
friend, classmate
competere to compete
compito, il homework
completo, il set, suit
comporre to compose, to put
together
comporre il numero di telefono
to dial
compositore, il composer
comprensivo/a understanding
comunità, la community
conca, la basin
concessionario, il car dealer
concetto, il concept
condire to season
conferire to talk
confermare to confirm

confine, il   boundary, frontier
conoscere   to know
consegna, la   delivery
considerare   to consider
consigliere, il   guidance counselor
consiglio, il *(pl* **i consigli***)*   advice
contanti   cash
  In contanti?   In cash?
contare   to count
contatto, il   contact
contento/a   happy
  Fammi contento/a.   Make me
    happy.
continuare   to continue
contorno, il   side dish, trimming
contrassegnare   to check, to
  mark
contravvenzione, la   fine
controfigura, la   stuntman/
  woman
controllabile   controllable
controllare   to control, to check
conversare   to talk, to converse
convinto/a   convinced, persuaded
coperto/a   covered
copertura, la   coverage
  la copertura danni auto   colli-
    sion coverage
corrente   current
  la corrente elettrica   electric
    current
  il luglio corrente   this July
correre   to run
corridoio, il *(pl* **i corridoi***)*
  hallway
corsia, la   lane
cortese   courteous, polite
corto/a   short
così   this way, in this fashion
costa, la   coast
  Costa Smeralda   Emerald
    Coast (Sardinia)
costare   to cost
costo, il   cost

  a tutti i costi   no matter what
costruire   to build
  fu costruita   was built
costruttore, il   builder
costruzione, la   construction
cozza, la   mussel
cravatta, la   necktie
creare   to create, to make
credere   to believe
  Credo di sì.   I think so.
cretino/a   silly, stupid (person)
  Sembra un/a cretino/a.
    He/She looks like a jerk.
cronometro, il   timer
cucchiaio, il   spoon
cucina, la   kitchen
  la cucina siciliana   Sicilian
    cuisine
cuocere   to cook
curioso/a   curious

D

da   from
  da...a...   from...to...
dare   to give
  Dammi...   Give me...
    (familiar)
  dare appuntamenti   to set
    (make) appointments
  dare il permesso   to give
    permission
  dare la precedenza   to yield the
    right of way
  dare un'occhiata   to take a
    look at
  dare una mano a   to give a
    hand to
Ma che mi dà?   What are you
  giving me?
Mi dia...   Give me...(polite)
Quando danno l'«Aida»?
  When are they performing
  Aida?

data, la   date
  la data di nascita   date of birth
davanti a   in front of
debole   weak
decidere   to decide
decisamente   definitely
dedicare   to dedicate, to devote
dedicarsi a   to devote oneself
delizioso/a   delicious
della   of the
  della canzone   of the song
denaro, il   money
  Il denaro non ha importanza.
    Money has no meaning.
dente, il   tooth
dermatologia, la   dermatology
descrivere   to describe
  Mi descriva...   Describe to
    me...
deserto/a   desert
desideroso/a   willing, desirous
destinatario, il *(pl* **i destinatari***)*
  addressee, receiver
destra, la   right
  a destra   on the right
dialetto, il   dialect
dicembre   December
dieci   ten
dietro   in back of, behind
difficile   difficult
digerire   to digest
  Non mi può digerire.   He/She
    can't tolerate ("digest") me.
dimenticare   to forget
  Non dimentichi.   Don't forget.
dimostrare   to demonstrate, to
  show
dinamismo, il   energy, activity
diploma di laurea, il   master's
  degree (equivalent)
dire   to say
  Dice fra sè il ragazzo.   The
    boy says to himself.

Dici sul serio?   Are you
  serious?
Dimmi!   Tell me! (familiar)
Mi dica.   Tell me. (polite)
direttivo, il   board of directors
direttore, il   manager
dirigere   to direct
discendente, il   descendant
discendenza, la   descent,
  extraction
discutere   to discuss
disoccupato/a   unemployed
disoccupazione, la
  unemployment
distanza, la   distance
distare   to be far
distinto/a   distinguished
distretto, il   area
ditta, la   firm, company
diva, la   (movie) star
diventare   to become
  Volevo diventare qualcuno a
  tutti i costi.   I wanted to be
  somebody no matter what.
diversità, la   diversity, difference
diverso/a   different
divieto, il   prohibition
  il divieto di parcheggio   no
  parking
  il divieto di svolta a destra/a
  sinistra   no right/left turn
doccia, la *(pl* **le docce***)*   shower
documento, il   document,
  identification paper(s)
  il documento di riconoscimento
  identification card
dolce   sweet
dollaro, il   dollar
dolore, il   pain
domanda, la   question
  la domanda d'iscrizione
  registration form
domani   tomorrow
domenica   Sunday

domicilio, il address
dominare to dominate
donna, la woman
dopo after
dorato/a golden
dormire to sleep
dottoressa, la woman doctor
dove where
dovere to have to
   Come debbo...? How can
   I...?
dovunque everywhere
dozzina, la dozen
due two
duomo, il church, cathedral
durante during
durare to last
durata, la duration, length
duro/a hard

E

eccentrico/a *(pl* **eccentrici/**
   eccentriche*)* eccentric
eccezionale exceptional
ecco here it is
   eccole/eccoli here they are!
   eccolo/eccola here it is
economia, l' *(f)* economics
educazione civica, l' *(f)* civics
educazione fisica, l' *(f)* physical
   education, gymnastics
effetto, l' *(m)* effect
elegante elegant
elenco, l' *(m) (pl* **gli elenchi***)* list
elettrizzante electrifying
elettrodomestici, gli house
   appliances
elicottero, l' *(m)* helicopter
emettere to issue
entrare to enter, to go in
entusiasmo, l' *(m)* enthusiasm
erba, l' *(f)* grass
eroe, l' *(m)* hero

esame, l' *(m)* test
   l'esame di guida driving test,
   road test
esattamente exactly
esclusivo/a exclusive, limited to
escursione, l' *(f)* tour
espansione, l' *(f)* expansion,
   growth
espansivo/a exuberant
esperimento, l' *(m)* experiment
esplorare to explore
esploratore, l' *(m)* explorer
esploratrice, l' explorer (woman)
essere to be
   c'è there is
   ci sono there are
   essere a bordo to be on board
   essere capace di to be able to
   essere nel bel mezzo di to be
   right in the middle of
   È in carica. He/She is in
   office.
   È in ritardo. It's late.
   Non c'è bisogno. There's no
   need.
   Non c'è di che. Don't mention
   it.
   Quant'è? How much is it?
est east
estate, l' *(m)* summer
esterno/a external, outside
età, l' *(f)* age
evitare to avoid

F

fabbro, il blacksmith
faccia, la face
   una faccia da imbecille a
   stupid face
facile easy
facoltà di college of
falco, il *(pl* **i falchi***)* hawk
fama, la fame

famiglia, la family
famoso/a famous
fantasma, il ghost
fantastico/a fantastic, marvelous
faraglione, il cliff
fare to do, to make
  Che cosa bisogna fare per ...?
  What must you do in order
  to ...?
  dal fare sospetto acting
  suspiciously
  Fa caldo. It's hot.
  Fa freddo. It's cold.
  Faccio finta di studiare. I
  make believe I'm studying.
  Fammi ascoltare ... Let me
  hear ...
  far benzina to gas up
  far carriera to make a career
  (out of it)
  far rumore to make noise
  fare 40 miglia al giorno to
  travel 40 miles a day
  fare a meno di to do without
  fare dello sport to practice a
  sport
  fare i compiti to do
  homework
  fare la civetta to flirt
  fare le valigie to pack the
  suitcases
  fare una smorfia to make
  faces
  Ma che fa? What are you
  doing?
  Non fa nulla. It doesn't
  matter.
  Stai facendo chiasso. You are
  making noise.
  Vorrei farle delle domande.
  I'd like to ask you some
  questions.
farmacia, la drugstore

farmacista, il/la druggist,
  pharmacist
farsi strada to make it, to be a
  success
fattura, la invoice, bill
fatturare to invoice
favola, la fable, tale, story
favoloso/a fantastic, fabulous
favore favor
  per favore please
febbraio February
femminile female, feminine
  (adjective)
fermare to stop
fermata, la (bus, train, subway)
  stop
feroce ferocious, wild
festa, la holiday
fiamma, la flame
  rosso fiamma fiery red
fiasco, il *(pl* **i fiaschi***)* flask
fidato/a trusted
figlia, la daughter
figli, i the kids, children
figlio, il son
figura, la figure
  Che figura! How
  embarrassing!
figurina, la card
  le figurine di baseball baseball
  cards
filone, il loaf of bread
filosofia, la philosophy
filtro, il filter
finanziare to finance
finestra, la window
finire to finish
fino a as far as
fiore, il flower
firma, la signature
firmare to sign
fischiare to whistle
fisica, la physics
fisico, il *(pl* **i fisici***)* physique

fiume, il river
flessibile flexible
focacceria, la take-out place, fast-food restaurant
foglia, la leaf
foglio rosa, il driving permit
folla, la crowd
fondo, il bottom
  in fondo a destra down there, on the right
forchetta, la fork
foresta, la forest, woods
forma, la shape
  la forma di governo form of government
formicaio, il *(pl* **i formicai)** anthill
formulario, il form
forno, il oven
forse maybe
fortunato/a lucky
fra between, among
francese French
franco, il *(pl* **i franchi)** French monetary unit
francobollo, il stamp
fratellanza, la brotherhood
freccia, la *(pl* **le frecce)** arrow
freddo/a cold
frequentare to frequent, to attend
fresco/a *(pl* **freschi/fresche)** fresh
  Sono freschi di giornata. (They) are freshly cut (of the day).
frigo-bar, il refrigerator
frontiera, la frontier, border
frustrazione, la frustration
fruttivendolo, il fruit store
fulvo/a red (hair)
fumare to smoke
fungo, il *(pl* **i funghi)** mushroom
funzionare to work

Come funziona? How does it work?
fuochi d'artificio, i fireworks
fuori outside
furbo/a cunning, crafty
furto, il theft
fusto, il trunk, hunk
  Che fusto! What a hunk!

G

galletto, il rooster
  fare il galletto to be a wise guy
gallo, il rooster
gamba, la leg
gambero, il lobster
gatto, il cat
gelateria, la ice-cream parlor
gelato, il ice cream
gemello, il twin
generoso/a generous
gennaio January
gente, la people
gentile nice
geografia, la geography
geologia, la geology
gettone, il token
ghiacciaio, il *(pl* **i ghiacciai)** glacier
ghiacciato/a frozen
giaccone, il (heavy) jacket
giapponese Japanese
giardino, il garden
giocare to play
  giocare a pallone to play soccer
giocattolo, il toy
gioco, il *(pl* **i giochi)** game
  per gioco for fun
gioioso/a happy
giornale, il newspaper

giornalista, il/la *(pl* **i giornalisti/
le giornaliste***)* journalist,
news reporter
giornata, la day
la giornata a disposizione
free day
giorno, il day
di giorno e di notte by day
and by night
fino a qualche giorno fa until
a few days ago
giovane young
giovane, il young person
giovedì Thursday
giraffa, la giraffe
girare to turn
gira e rigira after a long time
(spent looking around)
Giri a destra/a sinistra. Make
a right/left turn.
giro, il tour
Ho fatto un bel giro. I went
on a nice tour.
giudice, il judge
giugno June
giullare, il jester, buffoon
godere to enjoy
goloso/a greedy
gomma, la tire
la pressione delle gomme tire
pressure
gonna, la skirt
gonnellina, la skirt
governatore, il governor
graffio, il *(pl* **i graffi***)* scratch
graffiti, i graffiti
grande big
grandezza, la greatness
grandi magazzini, i department
stores
granita di caffè, la grated-ice
drink with coffee
grasso/a fat
grattacielo, il skyscraper

grazie thank you
Grazie mille. Thank you very
much.
greco/a *(pl* **greci/greche***)* Greek
gridare to shout
grigio/a *(pl* **grigi/grige***)* gray
grosso/a big
grotta, la cave
gruppo, il group
guadagnare to earn
guardare to look at
guida, la guidance, guide
guidare to drive
gusto, il taste
È questione di gusti. There is
no accounting for tastes.
Non tutti i gusti sono uguali.
Not everybody has the same
taste.

I

idrante, l' *(m)* hydrant
iella, la *(f)* bad luck
ieri yesterday
illimitato/a unlimited
illuminare to light up
illuminazione elettrica, l' *(f)*
lighting
illuso, l' daydreamer
imbecille imbecilic, stupid
imbocco, l' *(m) (pl* **gli imbocchi***)*
entrance
all'imbocco dell'autostrada at
the entrance to the highway
imparare to learn
impasto, l' *(m)* dough
impaziente impatient
impazzire to go crazy
impegno, l' *(m)* care, zeal,
diligence
impiegata, l' *(f)* employee
(woman)
impiegato, l' *(m)* employee

l'impiegato municipale city worker

impiego, l' *(m) (pl* **gli impieghi***)* job, work

importante important

importare to matter

A te non importa. You are not interested.

importo *(m)* **imponibile, l'** total amount before tax

improvvisamente suddenly

in in

incendio, l' *(m) (pl* **gli incendi***)* fire

includere to include

incomprensibile incomprehensible

incontrare to meet

incredibile unbelievable

incrocio, l' *(m) (pl* **gli incroci***)* intersection

indicare to indicate

indirizzo, l' *(m)* address

indossare to wear

infatti in fact

infermiere, l' *(m),* *(f* **la infermiera***)* nurse

infezione, l' *(f)* infection

informare to inform

informarsi to inquire

infortunio, l' *(m) (pl* **gli infortuni***)* accident

ingegneria, l' *(f)* engineering

ingenuo/a ingenuous, naive

inglese English

ingrediente, l' *(m)* ingredient

iniziare to start, to begin

innaffiare to sprinkle

innamorarsi to fall in love

inno, l' *(m)* anthem

inquilino, l' *(m)* tenant

insalata, l' *(f)* salad

insegna, l' *(f)* sign

insegnare to teach

insieme together

intanto in the meantime

intelligente intelligent

interessante interesting

interessare to interest

interesse, l' *(m)* interest

interno/a internal, inside

interno, l' *(m)* apartment no.

interpretare to interpret

intervallo, l' *(m)* interval, break

intimo/a close

introdurre to insert (a token)

introduzione gettoni, l' place for inserting tokens

invece instead

invernale wintry

inverno, l' *(m)* winter

invito, l' *(m)* invitation

istituto, l' *(m)* school

istruzione, l' *(f)* directions

italiano/a Italian

itinerario, l' *(m) (pl* **gli itinerari***)* itinerary

IVA (Imposte sui Valori Aggiunti) tax

L

lago, il *(pl* **i laghi***)* lake

lamentarsi to complain

lampione, il lamppost

lampo, il lightning

lasciare to leave

lasciare alle spalle to leave behind

Mi lasci pensare un po'. Let me think about it.

lassativo, il laxative

latino, il Latin

latte, il milk

lattuga, la lettuce

laurearsi to major in

lavanderia, la dry cleaner

lavorare to work

lavorare ad ore   to work part-time

lavoratore, il   worker

lavoro, il   work, job

lavoro a cottimo   piecework

lavoro a giornate   employment by the day

lavoro a ore   employment by the hour

lavoro autonomo   independent job (self-employed)

lavoro impegnativo   demanding job

lavoro monotono   monotonous, tedious job

posto di lavoro   place of work

là   there

legale   legal

lepre, il *o* **la**   hare

lettera, la   letter

per lettera   by letter

una lettera raccomandata   registered mail

leva, la   lever

libero/a   free

libreria, la   bookstore

libretto di risparmio, il   (bank) passbook

liceo, il   (equivalent) of high school and first year of college

lieto/a   happy

Lieto/a di fare la sua conoscenza.   Nice meeting you.

limite, il   limit

il limite di velocità   speed limit

limonata, la   lemonade

limone, il   lemon

linea, la   line

La linea è occupata.   The line is busy.

lingua, la   language, tongue

la lingua materna   mother tongue

le lingue straniere   foreign languages

lingua e letteratura   language and literature

liquore, il   liquor

lira, la   Italian currency

liscio/a *(pl* **lisci/lisce***)*   straight

litro, il   liter

livello, il   level

lì   there

lo   it, him

lontano/a   far

luce, la   light

luglio   July

lunedì   Monday

lungo/a *(pl* **lunghi/lunghe***)*   long

il più lungo   the longest

Lei la sa lunga.   You know it all.

lungo il mare   along the beach/sea

luogo, il *(pl* **i luoghi***)*   place

da luogo a luogo   from place to place

il luogo di nascita   place of birth

lussuoso/a   luxurious

M

ma   but

macchinetta, la   little machine

macelleria, la   butcher's shop

madre, la   mother

maga, la *(pl* **le maghe***)*   fortune teller

magazzini, grandi, i   department stores

maggio   May

maggioranza, la   majority

maglione, il   sweater, pullover

magnifico/a *(pl* **magnifici/
magnifiche***)* fantastic
magro/a thin, slender
mai never
maionese, la mayonnaise
malizioso/a mischievous
mancare to be lacking
   Mancano cinque minuti a...
   It's five minutes to...
mandare to send
mangiare to eat
   Si mangia bene. The people,
   you, we, anybody can eat
   well.
Mannaggia! Darn it!
mano/a *(pl* **le mani***)* hand
manuale, il manual
marciapiede, il sidewalk
marcio/a *(pl* **marci/marce***)*
   rotten
mare, il sea, beach
marito, il husband
marittimo/a maritime
martedì Tuesday
marzo March
matematica, la mathematics
matricola, la I.D. number;
   freshman
matterello, il rolling pin
mattone, il brick
me me
meccanico, il mechanic
medicina e chirurgia medicine
   and surgery
medico-chirurgo, il surgeon
melone, il melon
meno less
mentre while
mercato, il market
   il mercato all'aperto the open
   market
mercoledì Wednesday
mescolare to mix

messaggio, il *(pl* **i messaggi***)*
   message
mestiere, il trade, job
   Che mestiere fai? What job do
   you have?
meta, la goal
   una meta stabilita an
   established aim, a fixed goal
metà, la half
metallo, il metal
metro, il meter
   È a cento metri da qui. It's
   one hundred feet away.
metropolitana, la subway
mettere to put
   hai messo you have put
   mettere alla porta to kick out
   mettere da parte to put aside
   mettere in azione to turn on
   mettere via to put away
mezzo half
mezzo di trasporto, il means of
   transportation
mezzogiorno noon
miagolare to miaow
mica at all
   Non sono mica uno scemo. I
   am not a fool.
microtelefono, il receiver
miei, i my
miglio, il *(pl* **le miglia***)* mile
   le miglia quadrate square
   miles
migliorare to improve
migliore, il better
mille one thousand
mingherlino/a slim, thin, slender
minuto, il minute
mio/a my
mischiare to mix
miseria, la misery
   Ma porca miseria! Darn it!
   Mannaggia la miseria! Darn
   it!

misura, la size
moda, la fashion
  È all'ultima moda. It's the
    latest fashion.
modello, il model, make
moderatore, il moderator
moderno/a modern
moglie, la wife
mondiale worldwide
mondo, il world
moneta, la currency
mongolfiera, la balloon(ing)
monocamera, il one-room
  apartment
montagna, la mountain
montare a cavallo to go
  horseback riding
monumento, il monument
moquette, la wall-to-wall carpet
mormorare to mumble
morte, la death
morto/a dead
mostrare to show
motivazione, la motivation
motivo, il reason
motorista, il *(pl* **i motoristi***)*
  motorist
motoscafo, il motorboat
mozzafiato/a breathtaking
multa, la fine
municipale municipal
murale, il mural
muratore, il bricklayer
muro, il wall
muscolare muscular
musica, la music

N

napoletano/a Neapolitan
nascita, la birth
natura, la nature, wildlife
nave, la boat
  la nave traghetto ferryboat

nazionalità, la nationality
ne of him/her/it, of them, about
  him/her/it
negativo/a negative
negozio, il store
  il negozio di generi alimentari
    grocery store
nel in the, into the
  nel cassetto in the drawer
nella in the
  nella stanza in the room
nemmeno not even
neppure not even
nero/a dark, black
nessuno/a nobody
netturbino, il street cleaner
neve, la snow
nevvero aren't you, isn't he, and
  so on
  Lei è il signor Francesco
    Coppola, nevvero? You are
    Mr. Frank Coppola, aren't
    you?
niente nothing
nipote, il nephew
noioso/a annoying, boring
noleggiare to rent
nome, il name
nonna, la grandmother
nonno, il grandfather
nonostante in spite of
nord north
nostalgia, la homesickness,
  nostalgia
  Ho nostalgia di te. I miss you.
nostro/a our
notare to notice
notiziario, il *(pl* **i notiziari***)*
  news report
notte, la night
  buona notte good night
notturno/a nightly, by night,
  nocturnal
nove nine

novembre November
nubile unmarried woman, single woman
nulla osta legal term meaning "no impediments"
numero, il number
numeroso/a numerous
nuotare to swim
nuoto, il swimming
nuovo/a new

O

occhiali, gli eyeglasses
occhio, l' *(m) (pl* **gli occhi***)* eye
  Ho gli occhi celesti. I have blue eyes.
  tenere d'occhio la casa to keep an eye on the house
occorrere must
  Occorre introdurre il gettone. You must insert the token.
odore, l' *(m)* smell
offrire to offer
oggi today
oglio = olio, l' *(m)* oil
ogni every
  ogni tanto once in a while
ognuno/a everyone
olio, l' *(m)* oil
onda, l' *(f)* wave
  le onde sonore sound waves
ondulato/a wavy
onesto/a honest
ora, l' *(f)* hour
  A che ora? At what time?
  È da un'ora che aspetto. I have been waiting for an hour.
orario, l' *(m) (pl* **gli orari***)* schedule, timetable
  l'orario settimanale weekly schedule
orchidea, l' *(f)* orchid

ordinare to order
organizzare to organize
orgoglioso/a proud
origano, l' *(m)* oregano
oro, l' *(m)* gold
  Ma che è oro? Is it made of gold?
orologio, l' *(m) (pl* **gli orologi***)* clock
  l'orologio a muro wall clock
  l'orologio a pendolo pendulum clock
orto, l' *(m)* backyard garden
osservare to observe
ossobuco, l' *(m) (pl* **gli ossibuchi***)* veal shank
ostacolo, l' *(m)* obstacle
ostare to forbid
ostello, l' *(m)* (youth) hostel
ottenere to get, to obtain
ottico, l' optician
ottimo/a excellent
ottobre October
ovest west

P

pace, la peace
padre, il father
paesano, il country folk
paese, il village, town, country
pagamento, il payment
pagare to pay
  pagare in contanti to pay cash
paglia, la straw
paio, il pair
palestra, la gymnasium
palla a muro, la handball
pallavolo, il volleyball
palloncino, il balloon
panchina, la (park) bench
pane, il bread
panetteria, la bakery

paninoteca, la *(pl* **le paninoteche***)*
fast-food restaurant
panna, la whipped cream
panno, il *(pl* **i panni***)* cloth *(pl)*
clothes
pantaloni, i pants
papà, il daddy
parata, la parade
parcheggiare to park
parco, il *(pl* **i parchi***)* park
parco giochi, il playground
parlare to speak
parrucchiere, il/la hairdresser
parte, la part, place
in ogni parte all over
partecipare to participate
partenza, la departure
particolare, il detail
partire to leave
partita, la game
passaporto, il passport
passatempo, il hobby, pastime
passato, il past
passeggero, il passenger
passeggiata, la stroll, walk
passo, il step
a due passi a short distance
away
pasta, la dough
pasticceria, la pastry shop
patata, la potato
patatràc! bang!
patente, la license, permit
la patente di guida driver's
license
**la patente di guida
internazionale** the
international driver's permit
pattinare to skate
pauroso/a afraid
pazienza, la patience
pazzo/a crazy
peculiare peculiar, special
pedone, il pedestrian

peggiore, il worse
pelle, la skin
pelliccia, la *(pl* **le pellicce***)* fur
la pelliccia di visone mink
coat
penalista, il/la *(pl* **i penalisti/le
penaliste***)* criminal lawyer
pendente leaning
la Torre Pendente the Leaning
Tower
penetrante penetrating, piercing
pepe, il pepper (spice)
peperone, il pepper (vegetable)
per in order to, for
perchè why, because
perciò therefore, so
perdere to lose
perdere la testa to lose one's
head
pergolato, il pergola, vineyard
pericolo, il danger
pericolosamente dangerously
permanente permanent
permettere to allow
pernottamento, il overnight stay
personaggio, il *(pl* **i personaggi***)*
character
personalmente personally
pesca, la fishing
pesce, il fish
peseta, la Spanish monetary unit
peso, il weight
pessimista, il *(pl* **i pessimisti***)*
pessimist
piacere to like
Piacere. Pleased to meet you
a piacere at will
Non vi piacque più? You
didn't like it anymore?
piangere to cry
piano slowly, softly
piano, il plan
fare piani to make plans
pianta, la plant

piatto, il dish
piazza, la square
piccolo/a small
piede, il foot
  ai piedi di at the foot of
pieno/a full
  pieno di filled with
pilotare to pilot
pino, il pine tree
pioggia, la rain
piovere to rain
pirata, il pirate
  i pirati della strada the hot
    rodders
piscina, la swimming pool
pisello, il pea
pittore, il painter
pittrice, la painter (woman)
più more
  più o meno more or less
piuttosto rather
pizzaiolo, il pizzamaker
pizzeria, la pizzeria, pizza parlor
pizzetto, il beard
pizzico, il pinch
  un pizzico di a pinch of
poco (po') little
  fra poco in a while
  un poco (un po') a little
podismo, il walking
poi after, then
polare polar
politico, il *(pl* **i politici)**
  politician
polizia in pattuglia, la police
  patrol car
poliziotto, il police officer
polizza, la (insurance) policy
pollo, il chicken
polpa, la pulp
pomeriggio, il *(pl* **i pomeriggi)**
  afternoon
pomodoro, il tomato
pompiere, il fire fighter

popolazione, la population,
  people
porta, la door
  la porta laterale side door
portafoglio, il *(pl* **i portafogli)**
  wallet
portare to bring, to carry
  portare gli occhiali to wear
    eyeglasses
  Tu portavi i capelli a coda di
    cavallo. You had a pony
    tail.
portavoce, il speaker
posteggiare to park (the car)
posteggio, il *(pl* **i posteggi)**
  parking
posto, il place, job
  il posto di lavoro job opening
potere to be able to
poverino, il *(f* **la poverina)** the
  poor guy/gal
povero, il poor
po', un a little
pranzo, il dinner, lunch
prato, il meadow
preferire to prefer
prefisso, il area code
pregare to invite, to beg
  Ti prego di... I beg you to...
  Prego! You're welcome.
prendere to get, to take
  prendere in giro to tease
prenotazione, la reservation
preoccupante worrying
preoccuparsi to worry
  Non preoccuparti. Don't
  worry.
preparare to prepare
presentare to present
  presentare in persona la
    domanda to apply for the
    job in person
presentatore, il announcer
preside, il school principal

presidente, il president
presso at, by
presto quick
  A presto! See you soon!
previdenza sociale, la Social
  Security
prezzo, il price
prigioniero, il prisoner
prima before
  prima visione premiere, first
  run
primavera, la spring
primo first
procedere to proceed
processione, la procession
prodotto, il product
produrre to produce
professione, la profession
professore, il professor
profilo, il profile
profondo/a deep
programma, il *(pl* **i programmi***)*
  program
proibire to forbid
  È proibito fare segnalazioni.
  No honking.
promessa, la promise
promettere to promise
Pronto! Hello! (on the
  telephone)
proprietario, il *(pl* **i proprietari***)*
  owner
prosciutto, il Italian ham
prossimo, il neighbor
protezione, la protection
prova, la test, examination
provare to try
  Vorrei provarmi l'abito. I
  would like to try on the suit.
provetta, la test tube
provincia, la *(pl* **le province***)*
  province, district, region
pubblicitario/a advertising
pubblico, il public

pulire to clean
pulito/a clean
punta, la point
  sulla punta del naso on the tip
  of the nose
punto, il point, dot
  in punto on the dot, sharp
puzzare to stink, to smell bad

Q

qua here
quaderno, il notebook
quadro, il portrait, painting,
  picture
qualche volta sometimes
qualcosa something
qualcuno somebody
quale which
qualità, la quality
qualsiasi any, every
quando when
quartiere, il neighborhood
quarto fourth
quasi almost
quattro four
quello/a that, those
  quello che fai what you do
  Non mi piace quello. I don't
  like that.
  quello che vali what you are
  worth
questionario, il *(pl* **i questionari***)*
  questionnaire
qui here
quindi then
quindici fifteen

R

raccontare to tell
  Raccontami! Tell me!

radiocronista, il/la *(pl i* **radiocronisti/le radiocroniste***)* radio announcer

raduno, il encounter, meeting, get-together

raffreddore, il cold

ragazza, la girl
la mia ragazza my girlfriend

ragazzo, il boy

raggio, il *(pl* **i raggi***)* ray, beam

raggiungere to reach

ragionare to reason

ragione, la reason

ragionevole reasonable

ragioniere, il accountant, bookkeeper

rallentare to slow down

rana, la frog

rapido/a fast

rapporto, il report

rappresentante, il representative

rappresentanza, la representation

rappresentare to represent

razza, la race

re, il king

realizzare to carry out, to achieve

reazione, la reaction

recapito, il address

recente recent

recitare to recite, to act

refettorio, il *(pl* **i refettori***)* school cafeteria

responsabile responsible

restare to remain

restituzione, la return

riappendere to hang up (the telephone)

riccio/a *(pl* **ricci/ricce***)* curly

ricciuto/a curly

ricco/a *(pl* **ricchi/ricche***)* rich

ricercare to research

ricevere to receive

richiedente, il applicant

riconoscere to recognize
Non mi riconosci? Don't you recognize me?

ricordare to remember
Non ricordi? Don't you remember?

ricordo, il memories

ricotta, la ricotta (cheese)

ridere to laugh

ridurre to reduce

riempire to fill

rientro, il reentry

riepilogare to summarize

riferire to report

rifiutare to refuse, to reject

riparare to repair

riposare to rest, to relax
Mi riposo. I am resting.

ripresa, la retake, collection charge

riscaldamento, il heat, heating system

risparmiare to save

rispettare to respect

ristorante, il restaurant

ritardo, il delay

ritirare to withdraw

ritorno, il return (flight/trip)

riunione, la meeting, encounter

riuscire a to be able to, to succeed at

rivelare to reveal

roba, la stuff, goods

robusto/a robust

rosso/a red

roulotte, la trailer

rovinare to ruin

rumore, il noise

ruota, la wheel

russare to snore

russo/a Russian

S

sabato Saturday
sabbia, la sand
sacchetto, il sack, little pack of
sacco, il *(pl* **i sacchi***)* sack
  il sacco a pelo sleeping bag
  So un sacco di cose. I know a
   lot of things
sala, la room
  la sala da pranzo dining room
  la sala giochi playroom
salario, il *(pl* **i salari***)* wage,
  salary, stipend
sale, il salt
salotto, il living room
saltare to jump
Salve! Hi!, Hello!
sapere, il knowledge
sapere to know
  Ma che ne so io! But what do
   I know about it!
  Non lo so. I don't know.
  Non si sa mai. You'll never
   know.
  Non so se... I don't know
   if...
  Se lei sapesse! If you only
   knew!
sapienza, la knowledge
sarto, il *(f)* *(***la sarta***)* tailor
sartoria, la tailor shop
sbagliare to make mistakes
sbagliarsi to err, to make
  mistakes
sbucciare to peel
scacchi, gli chess
scaffale, lo shelf
scala, la ladder
scalare to climb
scambio, lo *(pl* **gli scambi***)*
  exchange, trade
scapolo, lo single, unmarried
  man
scappare to run away

scarica, la *(pl* **le scariche***)*
  discharge
scarpa, la shoe
scegliere to choose, to select
scemo, lo fool, stupid, idiot
scena, la scene
  La scena fa paura. The scene
   is scary.
scendere to get off
schiacciare to crush
sci, lo skiing
sciare to ski
sciarpa, la scarf
scienze, le science
  le scienze politiche political
   science
scienziata, la scientist (woman)
scienziato, lo scientist
sciopero, lo strike
  lo sciopero a singhiozzo
   wildcat strikes
sciupone/a spendthrift
scoccare to shoot (arrows)
sconosciuto/a unknown
  persona sconosciuta stranger
scopa, la broom
scopo, lo purpose
scoprire to discover
scordare to forget
  Non scordarti! Don't forget!
scorso/a last
scrivania, la desk
scrivere to write
  scrivere a macchina to type
  scrivere in stampatello to
   print
  Scrìviti... Write down...
scudo, lo shield
scuola, la school
  l'auto scuola driver's school
scuro/a dark
scusa, la excuse
scusare to excuse
  Mi scusi. Excuse me.

se stesso himself, yourself
secco/a dry
secolo, il century
secondo second, according to
  secondo l'orologio a muro
    according to the wall clock
  secondo lei in your opinion
  secondo nome middle name
sede, la office
  con sede a with an office in,
    with headquarters in
sedere to sit
sedersi to sit down
sedici sixteen
segnalare to indicate, to signal
segnale, il signal
  il segnale di centrale the dial
    tone
segnaletica stradale, la the road
  signs
segnare to mark
  Segna mezzanotte. It marks
    midnight.
segreto, il secret
seguire to follow
selvatico/a *(pl* **selvatici/selvatiche)**
  wild
semaforo, il traffic light
sembrare to look like
seminterrato, il basement
semplice simple
sempre always
sensazione, la sensation
sentimento, il feeling
sentire to hear, to listen
senza without
sera, la evening
  Buona sera. Good evening.
serata, la evening
servizio, il *(pl* **i servizi)** service
  il servizio camera room
    service
  a doppi servizi with two
    bathrooms

sesso, il sex
sette seven
settembre September
settimana, la week
sfondo, lo background
sfumatura, la shading
sgridare to shout
sicurezza, la security
sigaretta, la cigarette
signora, la lady
signore, il mister, sir
simpatico/a *(pl* **simpatici/**
  simpatiche) nice, agreeable
sindaco, il *(pl* **i sindaci)** mayor
sinistra, la left
smettere to stop
  La smetta! Cut it out!
  Ma la smetta! Stop it!
  Smettila! Stop it!
snello/a slender
soccorso stradale, il road service
sofà, il sofa
soffice soft
soggiorno, il stay
soggiungere to add
sognare to dream
sognare, il dreaming
sognatore, il *(f* **la sognatrice)**
  dreamer
sogno, il dream
solamente only
soldo, il *o* **soldi, i** money
sole, il sun
solitario/a lonely
solito/a usual
  di solito usually
solo only, alone
  È solo che... The fact is
    that...
  non solo...ma anche not
    only...but also
sonnambula, la sleepwalker
sorella, la sister
sorridere to smile

sorriso, il smile
sospetto/a suspicious
sospirare to sigh
sosta, la stop
  divieto di sosta no stopping
sotto under, underneath
spagnolo/a Spanish
spazio, lo *(pl* **gli spazi***)* space
specchio, lo *(pl* **gli specchi***)*
  mirror
  lo specchio riassuntivo
    summary chart
specialità, la specialty
spedire to mail
spegnere to turn off
spendere to spend (money)
speranza, la hope
sperare to hope
spesso often
spettacolo, lo sight, scene
spettatore, lo spectator
spiaggia, la beach
spicchio d'aglio, lo garlic clove
spicciolo, lo (small) change,
  coins
  Non ho neppure uno spicciolo!
    I don't even have a cent!
spiegare to explain
spilungone, lo lanky fellow
spingere to push
spirito, lo spirit
spiritoso/a witty
  Non faccia lo spiritoso. Don't
    be a wise guy.
spogliatoio, lo *(pl* **gli spogliatoi***)*
  dressing room, fitting room
sporco/a *(pl* **sporchi/sporche***)*
  dirty
sportello, lo window (as in a
  bank)
sposare to marry
sposato/a married
squadra, la team
stabilire to establish

stagione autunnale, la fall
  season
stalla, la barn
stampa, la the press
stampatello block letters
  scrivete in stampatello print
stanco/a *(pl* **stanchi/stanche***)*
  tired
stare to be
  sta per . . . is about to . . .
  I pantaloni ti stanno stretti.
    The pants fit you tightly.
  La scuola sta per finire.
    School is about to end.
  Sto per . . . I am about to . . .
  Tutto il quartiere sta a
  guardare. The entire
    neighborhood is looking.
stasera tonight
stato, lo state
  stato civile civil status
statura, la height
stazione, la station
  la stazione di servizio gas
    station
  la stazione ferroviaria railroad
    station
stella, la star
stellato/a starry
stenografia, la shorthand
stesso/a same, -self
stile, lo style
stinco, lo *(pl* **gli stinchi***)* shin
stivale, lo boot
stomaco, lo *(pl* **gli stomaci***)*
  stomach
stop to stop, to halt
storia, la history
strada, la street
  È sulla strada giusta/sbagliata.
    You are going the right/
    wrong way.
strano/a strange

È da diversi giorni che sei strano. You have been acting strangely for the past few days.

strega, la *(pl* **le streghe***)* witch

stretto/a tight

Il vestito mi sta stretto. The suit is too tight on me.

studente, lo student

studentesco/a *(pl* **studenteschi/ studentesche***)* student-related

studentessa, la student

studiare to study

studiare con profitto to be a good student

stufo/a tired, fed up with

stupìto/a astonished

su on

Su! Come on!

subito right away

succedere to happen

Ma che succede? What's happening?

succo, il *(pl* **i succhi***)* juice

sud, il south

suggerire to suggest

Può suggerirmi...? Can you suggest to me...?

sul on the

sul tavolo on the table

sulle on the

sulle strade on the streets

superare to pass (an exam), to overtake (a car)

superare gli esami to pass the examination

svanire to disappear

sveglia, la wake-up call

sviluppare to develop

T

taciturno/a reserved, silent

taglia, la size

tagliare to cut

tagliare a pezzetti to dice, to chop into tiny bits

tagliare a sottili anelli to cut into thin rings

tagliare a spicchi to cut into wedges

tanti several

tanto so

tanto...quanto as...as...

tappeto, il carpet

tardi late

A più tardi. See you later.

targa, la *(pl* **le targhe***)* license plate

tariffa, la tariff

tarteletta, la canapé

tavola calda, la hot table, self-service hot smorgasbord

tavolo, il table

tavolo operatorio, il operating table

tecnica, la *(pl* **le tecniche***)* technique

tedesco/a *(pl* **tedeschi/tedesche***)* German

teglia, la pie pan

telefono, il telephone

telegramma, il *(pl* **i telegrammi***)* telegram

televisione, la television

temperato/a mild

templo, il temple

tempo, il time

È da tempo che... It's been a while...

Per quanto tempo? For how long?

tenda, la tent

tendina, la curtain

tenere to keep, to hold

Si tenga tutto. Keep it all.

tenendoti per mano holding your hand

tenere premuto il tasto to hold the button pressed down

tenore, il tenor

tensione, la tension

tentare to try

   chiunque tentasse di ... whoever tried to ...

terrazzo, il terrace

terzo third

tesoriere, il treasurer

tesoro, il treasure

tesoro sweetheart

tesserino, il identification card

testimone, il eyewitness

tetto, il roof

ti you

timidezza, la shyness

timido/a shy, timid

tinta, la color

tipicamente typically

tipo, il type, individual

tipo vettura, il car model

tirare to pull, to roll out, to stretch

   Tira vento. It's windy.

tirchio/a *(pl* **tirchi/tirchie)** stingy

titolare, il holder (of a job, post, credit card, etc.), the person in charge

titolo di fondo, il leading article, editorial

tombola, la (Italian) bingo game

tonto/a stupid

tormentare to torment, to torture

tornare to go back

   Torni indietro. Go back.

torre, la tower

   la Torre Pendente the Leaning Tower

tosse, la cough

traboccare to overflow

traffico, il traffic

tramonto, il sunset

tranne but

tranquillante, il tranquillizer

trasferimento, il transfer

trasformare to transform, to change

trattoria, la small family-operated restaurant

traversa, la street intersection

tremante shaking

treno, il train

trentatrè thirty-three

trippone, il pot-bellied man

triste sad

trombone, il trombone

troppo too much

trovata pubblicitaria, la publicity stunt

trucco, il *(pl* **i trucchi)** trick

tuo/a your

tuono, il thunder

turismo, il tourism

tutti everybody

tutto everything

U

uccello, l' *(m) (pl* **gli uccelli)** bird

ufficio, l' *(m) (pl* **gli uffici)** office

   l'ufficio postale post office

ultimo/a last

umiliato/a humiliated

umore, l' *(m)* mood

   È di cattivo umore. He/She's in a bad mood.

un a, an

una a

unico/a unique

unicorno, l' *(m)* unicorn

uniforme, l' *(f)* uniform

unito/a united

uno one

   uno che la sa lunga a wise guy

uomo, l' *(m)* *(pl* **gli uomini***)* man
  un uomo d'affari a
   businessman
uovo, l' *(m),* *(f pl* **le uova***)* egg
urlare to scream
usare to use
uscire to go out
uscita, l' *(f)* exit
utile useful

V

vacanza, la *(f)* vacation
valere to be worth
  Non vale la pena. It doesn't
   pay.
valigia, la *(pl* **le valigie***)* suitcase
vaporetto, il steamer, steamboat
variare to vary
vasca, la *(pl* **le vasche***)* basin,
  tank
vecchio/a *(pl* **vecchi/vecchie***)* old
vedere to see
vedova, la widow
veduta, la view, scenery
veglione, il New Year's Eve
  party
velocità, la speed
vendita promozionale, la
  promotional sale
venditore, il seller
venerdì Friday
venire to come
  Gli viene l'acquolina in bocca.
   His/Her mouth is watering.
  Venga! Come in!
  venire da... to come from...
venticinque twenty-five
ventuno twenty-one
veramente really
verde green
verificare to verify, to check
verso in the direction of

verso di toward, in the
  direction of
verso le dieci around ten
  o'clock
vestire to dress
vestito, il suit, dress
Vesuvio, il volcano in the Bay of
  Naples
vetrina, la shop window
via, la street, road
  La ditta è in via d'espansione.
   The firm is growing.
  la via che porta a... the
   road to...
  per via aerea by air mail
viaggiare to travel
viaggio, il *(pl* **i viaggi***)* trip
viale, il boulevard
vicino near
vigile, il city (traffic) officer
villaggio, il *(pl* **i villaggi***)* village
vincere to win
vino, il wine
visitare to visit
vista, la view, sight
visto consolare, il consul's visa
vita, la life
vivere to live
vivo/a alive, vivid
voglia, la desire
  Ho voglia di... I want to...,
   I feel like...
volare to fly
volentieri gladly
volere to want
  Quanto ti voglio bene! How I
   love you!
  Vorrei... I'd like...
  Vorrei parlare con... I'd like
   to speak with...
volo, il flight
volpe, la fox
volto, il face
vuoto/a empty

Z

zia, la *(pl* **le zie***)* aunt
zio, lo *(pl* **gli zii***)* uncle
Zitto! Silence!

zitto/a quiet
zona, la area
zuppa, la soup

NTC ITALIAN TEXTS AND MATERIALS

Computer Software
Italian Basic Vocabulary Builder on
  Computer

Language Learning Material
NTC Language Learning Flash Cards
NTC Language Posters
NTC Language Puppets
Language Visuals

Exploratory Language Books
Let's Learn Italian Picture Dictionary
Let's Learn Italian Coloring Book
Getting Started in Italian
Just Enough Italian
Multilingual Phrase Book
Italian for Beginners

Conversation Book
Basic Italian Conversation

Text and Audiocassette Learning Packages
Just Listen 'n Learn Italian
Conversational Italian in 7 Days
Practice & Improve Your Italian
Practice & Improve Your Italian PLUS
How to Pronounce Italian Correctly
Lo dica in italiano

Italian Language, Life, and Culture
L'italiano vivo
Il giro d'Italia Series
  Roma
  Venezia
  Firenze
  Il Sud e le isole
  Dal Veneto all'Emilia-Romagna
  Dalla Val d'Aosta alla Liguria
Vita italiana
A tu per tu
Nuove letture di cultura italiana
Lettere dall'Italia
Incontri culturali

Contemporary Culture—in English
Italian Sign Language
Life in an Italian Town
Italy: Its People and Culture
Getting to Know Italy
Let's Learn about Italy
Il Natale
Christmas in Italy

Songbook
Songs for the Italian Class

Puzzles
Easy Italian Crossword Puzzles

Graded Readers
Dialoghi simpatici
Raccontini simpatici
Racconti simpatici
Beginner's Italian Reader

Workbooks
Sì scrive così
Scriviamo, scriviamo

High-Interest Readers
Dieci uomini e donne illustri
Cinque belle fiabe italiane
Il mistero dell'oasi addormentata
Il milione di Marco Polo

Literary Adaptations
L'Italia racconta
Le avventure di Pinocchio

Contemporary Literature
Voci d'Italia Series
  Italia in prospettiva
  Immagini d'Italia
  Italia allo specchio

Duplicating Masters
Italian Crossword Puzzles
Basic Vocabulary Builder
Practical Vocabulary Builder
The Newspaper

Transparencies
Everyday Situations in Italian

Grammar Handbook
Italian Verbs and Essentials of Grammar

Dictionary
Zanichelli New College Italian and English Dictionary
Zanichelli Super-Mini Italian and English Dictionary

For further information or a current catalog, write:
National Textbook Company
a division of *NTC Publishing Group*
4255 West Touhy Avenue
Lincolnwood, Illinois 60646-1975 U.S.A.